CHECHENO

VOCABULÁRIO

PALAVRAS MAIS ÚTEIS

PORTUGUÊS CHECHENO

Para alargar o seu léxico e apurar as suas competências linguísticas

7000 palavras

Vocabulário Português-Checheno - 7000 palavras

Por Andrey Taranov

Os vocabulários da T&P Books destinam-se a ajudar a aprender, a memorizar, e a rever palavras estrangeiras. O dicionário é dividido em temas, cobrindo todas as principais esferas de atividades quotidianas, negócios, ciência, cultura, etc.

O processo de aprendizagem, utilizando os dicionários baseados em temáticas da T&P Books dá-lhe as seguintes vantagens:

- Informação de origem corretamente agrupada predetermina o sucesso em fases subsequentes da memorização de palavras
- Disponibilização de palavras derivadas da mesma raiz, o que permite a memorização de unidades de texto (em vez de palavras separadas)
- Pequenas unidades de palavras facilitam o processo de estabelecimento de vínculos associativos necessários para a consolidação do vocabulário
- O nível de conhecimento da língua pode ser estimado pelo número de palavras aprendidas

T&P Books Publishing
www.tpbooks.com

ISBN: 978-1-78400-903-8

Este livro também está disponível em formato E-book.
Por favor visite www.tpbooks.com ou as principais livrarias on-line.

VOCABULÁRIO CHECHENO
palavras mais úteis

Os vocabulários da T&P Books destinam-se a ajudar a aprender, a memorizar, e a rever palavras estrangeiras. O vocabulário contém mais de 7000 palavras de uso comum organizadas tematicamente.

O vocabulário contém as palavras mais comummente usadas
Recomendado como adicional para qualquer curso de línguas
Satisfaz as necessidades dos iniciados e dos alunos avançados de línguas estrangeiras
Conveniente para o uso diário, sessões de revisão e atividades de auto-teste
Permite avaliar o seu vocabulário

Características especias do vocabulário

- As palavras estão organizadas de acordo com o seu significado, e não por ordem alfabética
- As palavras são apresentadas em três colunas para facilitar os processos de revisão e auto-teste
- As palavras compostas são divididas em pequenos blocos para facilitar o processo de aprendizagem
- O vocabulário oferece uma transcrição simples e adequada de cada palavra estrangeira

O vocabulário contém 198 tópicos incluindo:

Conceitos básicos, Números, Cores, Meses, Estações do ano, Unidades de medida, Roupas & Acessórios, Alimentos & Nutrição, Restaurante, Membros da Família, Parentes, Caráter, Sentimentos, Emoções, Doenças, Cidade, Passeios, Compras, Dinheiro, Casa, Lar, Escritório, Trabalho no Escritório, Importação & Exportação, Marketing, Pesquisa de Emprego, Desportos, Educação, Computador, Internet, Ferramentas, Natureza, Países, Nacionalidades e muito mais ...

TABELA DE CONTEÚDOS

GUIA DE PRONUNCIAÇÃO

Letra	Exemplo Checheno	Alfabeto fonético T&P	Exemplo Português
А а	самадала	[ɑ:]	rapaz
Аь аь	аьртадала	[æ:], [æ]	primavera
Б б	биллиард	[b]	barril
В в	ловзо кехат	[v]	fava
Г г	горгал	[g]	gosto
ГI гI	жиргIа	[ɣ]	agora
Д д	дIаала	[d]	dentista
Е е	кевнахо	[e], [ɛ]	mover
Ё ё	боксёр	[jɔ:], [ɜ:]	ioga
Ж ж	мужалтах	[ʒ]	talvez
З з	ловза	[z]	sésamo
И и	сирла	[ɪ], [i]	sinónimo
Й й	лийча	[j]	géiser
К к	секунд	[k]	kiwi
Кх кх	кхиорхо	[q]	teckel
Къ къ	юккъе	[q]	[q] tensionada
КI кI	кIайн	[k]	[k] tensionada
Л л	лаьстиг	[l]	libra
М м	Марша Iайла	[m]	magnólia
Н н	Хьанна?	[n]	natureza
О о	модельхо	[o], [ɔ]	noite
Оь оь	пхоьлгIа	[ø]	orgulhoso
П п	пхийтта	[p]	presente
ПI пI	пIераска	[p]	[p] tensionada
Р р	борзанан	[r]	riscar
С с	сандалеш	[s]	sanita
Т т	туьйдарг	[t]	tulipa
ТI тI	тIормиг	[t]	[t] tensionada
У у	тукар	[u:]	blusa
Уь уь	уьш	[y]	questionar
Ф ф	футбол	[f]	safári
Х х	хьехархо	[ɦ]	[h] suave
Хь хь	дагахь	[ɦ], [χ]	[h] suave
ХI хI	хIордахо	[h]	[h] aspirada
Ц ц	мацахлера	[ʦ]	tsé-tsé
ЦI цI	цIубдар	[ʦ]	tsé-tsé
Ч ч	лечкъо	[ʧ]	Tchau!
ЧI чI	чIorIa	[ʨ]	[tch] tensionado
Ш ш	шахматаш	[ʃ]	mês
Щ щ	цергийг щётка	[ɕ]	shiatsu
ъ	къонза	[ʺ]	sinal forte

Letra	Exemplo Checheno	Alfabeto fonético T&P	Exemplo Português
ы	лыжаш хехка	[ı]	sinónimo
ь	доьзал	[ʲ]	sinal suave
Э э	эшар	[e]	metal
Ю ю	юхадала	[y]	questionar
Юь юь	юьхьенца	[ju], [ju:]	nacional
Я я	цIанъян	[jɑ]	Himalaias
Яь яь	яьшка	[jæ]	folheto
I I	Iамо	[ə]	milagre

ABREVIATURAS usadas no vocabulário

Abreviaturas do Português

adj	-	adjetivo
adv	-	advérbio
anim.	-	animado
conj.	-	conjunção
desp.	-	desporto
etc.	-	etecetra
ex.	-	por exemplo
f	-	nome feminino
f pl	-	feminino plural
fem.	-	feminino
inanim.	-	inanimado
m	-	nome masculino
m pl	-	masculino plural
m, f	-	masculino, feminino
masc.	-	masculino
mat.	-	matemática
mil.	-	militar
pl	-	plural
prep.	-	preposição
pron.	-	pronome
sb.	-	sobre
sing.	-	singular
v aux	-	verbo auxiliar
vi	-	verbo intransitivo
vi, vt	-	verbo intransitivo, transitivo
vr	-	verbo reflexivo
vt	-	verbo transitivo

CONCEITOS BÁSICOS

Conceitos básicos. Parte 1

1. Pronomes

eu	**со**	[sɔ]
tu	**хьо**	[hɔ]
ele, ela	**иза**	[ɪz]
nós	**вай**	[vaj]
vocês	**шу**	[ʃu]
eles, elas	**уьш**	[ʉʃ]

2. Cumprimentos. Saudações. Despedidas

Olá!	**Маршалла ду хьоьга!**	[marʃall du høg]
Bom dia! (formal)	**Маршалла ду шуьга!**	[marʃall du ʃʉg]
Bom dia! (de manhã)	**Iуьйре дика хуьлда!**	['ujre dɪk hʉld]
Boa tarde!	**Де дика хуьлда!**	[de dɪk hʉld]
Boa noite!	**Суьйре дика хуьлда!**	[sʉjre dɪk hʉld]
cumprimentar (vt)	**салам дала**	[salam dal]
Olá!	**Маршалла ду хьоьга!**	[marʃall du høg]
saudação (f)	**маршалла, маршалла хаттар**	[marʃall], [marʃall hattar]
saudar (vt)	**маршалла хатта**	[marʃall hatt]
Como vai?	**Муха ду гIуллакхш?**	[muha du ɣullaqʃ]
O que há de novo?	**ХIун ду керла?**	[h'un du kerl]
Até à vista!	**Марша Iайла!**	[marʃ 'ajl]
Até breve!	**Iодика хуьлда!**	['ɔdɪk hʉljd]
Adeus! (sing.)	**Iодика йойла хьа!**	['ɔdɪk jojl ha]
Adeus! (pl)	**Iодика йойла шунна!**	['ɔdɪk jojl ʃunn]
despedir-se (vr)	**Iодика ян**	['ɔdɪk jan]
Até logo!	**Iодика йойла!**	['ɔdɪk jojl]
Obrigado! -a!	**Баркалла!**	[barkall]
Muito obrigado! -a!	**Доаккха баркалла!**	[dɔakq barkall]
De nada	**ХIума дац!**	[h'um dats]
Não tem de quê	**ХIума дац!**	[h'um dats]
De nada	**ХIума дац!**	[h'um dats]
Desculpa!	**Бохк ма билл!**	[behk ma bɪll]
Desculpe!	**Бехк ма биллалаш!**	[behk ma bɪllalaʃ]
desculpar (vt)	**бехк ца билла**	[behk tsa bɪll]
desculpar-se (vr)	**бехк цабиллар деха**	[behk tsabɪllar deh]

As minhas desculpas	**Суна бехк ма биллалаш!**	[sun behk m bɪllalaʃ]
Desculpe!	**Бехк ма биллаш!**	[behk ma bɪllaʃ]
perdoar (vt)	**бехк цабиллар**	[behk ʦabɪllar]
Não se esqueça!	**Диц ма ло!**	[dɪʦ ma lɔ]
Certamente! Claro!	**Дера!**	[der]
Claro que não!	**Дера дац!**	[der daʦ]
Está bem! De acordo!	**Реза ву!**	[rez vu]
Basta!	**Тоьур ду!**	[tøur du]

3. Números cardinais. Parte 1

zero	**ноль**	[nɔlj]
um	**цхьаъ**	[ʦhaʔ]
dois	**шиъ**	[ʃɪʔ]
três	**кхоъ**	[qɔʔ]
quatro	**диъ**	[dɪʔ]
cinco	**пхиъ**	[phɪʔ]
seis	**ялх**	[jalh]
sete	**ворхI**	[vɔrh']
oito	**бархI**	[barh']
nove	**исс**	[ɪss]
dez	**итт**	[ɪtt]
onze	**цхьайтта**	[ʦhajtt]
doze	**шийтта**	[ʃɪ:tt]
treze	**кхойтта**	[qɔjtt]
catorze	**дейтта**	[dejtt]
quinze	**пхийтта**	[phɪ:tt]
dezasseis	**ялхитта**	[jalhɪtt]
dezassete	**вуьрхIитта**	[vʉrh'ɪtt]
dezoito	**берхIитта**	[berh'ɪtt]
dezanove	**ткъесна**	[tqʔesn]
vinte	**ткъа**	[tqʔa]
vinte e um	**ткъе цхьаъ**	[tqʔe ʦhaʔ]
vinte e dois	**ткъе шиъ**	[tqʔe ʃɪ]
vinte e três	**ткъе кхоъ**	[tqʔe qɔ]
trinta	**ткъе итт**	[tqʔe ɪtt]
trinta e um	**ткхе цхьайтта**	[tqe ʦhajtt]
trinta e dois	**ткъе шийтта**	[tqʔe ʃɪ:tt]
trinta e três	**ткъе кхойтта**	[tqʔe qɔjtt]
quarenta	**шовзткъа**	[ʃɔvztqʔ]
quarenta e um	**шовзткъе цхьаъ**	[ʃɔvztqʔe ʦhaʔ]
quarenta e dois	**шовзткъе шиъ**	[ʃɔvztqʔe ʃɪ]
quarenta e três	**шовзткъе кхоъ**	[ʃɔvztqʔe qɔ]
cinquenta	**шовзткъе итт**	[ʃɔvztqʔe ɪtt]
cinquenta e um	**шовзткъе цхьайтта**	[ʃɔvztqʔe ʦhajtt]
cinquenta e dois	**шовзткъе шийтта**	[ʃɔvztqʔe ʃɪ:tt]

cinquenta e três	**шовзткъе кхойтта**	[ʃɔvztqʔe qɔjtt]
sessenta	**кхузткъа**	[quztqʔ]
sessenta e um	**кхузткъе цхьаъ**	[quztqʔe ʦhɑʔ]
sessenta e dois	**кхузткъе шиъ**	[quztqʔe ʃɪʔ]
sessenta e três	**кхузткъе кхоъ**	[quztqʔe qɔʔ]
setenta	**кхузткъа итт**	[quztqʔ ɪtt]
setenta e um	**кхузткъе цхьайтта**	[quztqʔe ʦhɑjtt]
setenta e dois	**кхузткъе шийтта**	[quztqʔe ʃɪ:tt]
setenta e três	**кхузткъе кхойтта**	[quztqʔe qɔjtt]
oitenta	**дезткъа**	[deztqʔ]
oitenta e um	**дезткъе цхьаъ**	[deztqʔe ʦhɑʔ]
oitenta e dois	**дезткъе шиъ**	[deztqʔe ʃɪ]
oitenta e três	**дезткъе кхоъ**	[deztqʔe qɔ]
noventa	**дезткъа итт**	[deztqʔ ɪtt]
noventa e um	**дезткъе цхьайтта**	[deztqʔe ʦhɑjtt]
noventa e dois	**дезткъе шийтта**	[deztqʔe ʃɪ:tt]
noventa e três	**дезткъе кхойтта**	[deztqʔe qɔjtt]

4. Números cardinais. Parte 2

cem	**бIе**	[b'e]
duzentos	**ши бIе**	[ʃɪ b'e]
trezentos	**кхо бIе**	[qɔ b'e]
quatrocentos	**диъ бIе**	[dɪʔ b'e]
quinhentos	**пхи бIе**	[phɪ b'e]
seiscentos	**ялх бIе**	[jɑlh b'e]
setecentos	**ворхI бIе**	[vɔrh' b'e]
oitocentos	**бархI бIе**	[bɑrh' b'e]
novecentos	**исс бIе**	[ɪss b'e]
mil	**эзар**	[ɛzɑr]
dois mil	**ши эзар**	[ʃɪ ɛzɑr]
De quem são ...?	**кхо эзар**	[qɔ ɛzɑr]
dez mil	**итт эзар**	[ɪtt ɛzɑr]
cem mil	**бIе эзар**	[b'e 'ɛzɑr]
um milhão	**миллион**	[mɪllɪɔn]
mil milhões	**миллиард**	[mɪllɪɑrd]

5. Números. Frações

fração (f)	**дакъалла**	[dɑqʔɑll]
um meio	**шоалгIачун цхьаъ**	[ʃɔɑlɣɑʧun ʦhɑʔ]
um terço	**кхоалгIачун цхьаъ**	[qɔɑlɣɑʧun ʦhɑʔ]
um quarto	**доьалгIачун цхьаъ**	[dø'ɑlɣɑʧun ʦhɑʔ]
um oitavo	**бархIалгIачун цхьаъ**	[bɑrh'ɑlɣʧun ʦhɑʔ]
um décimo	**итталгIачун цхьаъ**	[ɪttɑlɣɑʧun ʦhɑʔ]
dois terços	**кхоалгIачун шиъ**	[qɔɑlɣɑʧun ʃɪʔ]
três quartos	**доьалгIачун кхоъ**	[dø'ɑlɣɑʧun qɔʔ]

6. Números. Operações básicas

subtração (f)	**тlерадаккхар**	[t'eradakqar]
subtrair (vi, vt)	**тlерадаккха**	[t'eradakq]
divisão (f)	**декъар**	[deqʔar]
dividir (vt)	**декъа**	[deqʔ]
adição (f)	**вовшахтохар**	[vɔvʃahtɔhar]
somar (vt)	**вовшахтоха**	[vɔvʃahtɔh]
adicionar (vt)	**тlетоха**	[t'etɔh]
multiplicação (f)	**эцар**	[ɛʦar]
multiplicar (vt)	**эца**	[ɛʦ]

7. Números. Diversos

algarismo, dígito (m)	**цифра**	[ʦɪfr]
número (m)	**терахь**	[terah]
numeral (m)	**терахьдош**	[terahdɔʃ]
menos (m)	**минус**	[mɪnus]
mais (m)	**тlетоха**	[t'etɔh]
fórmula (f)	**формула**	[fɔrmul]
cálculo (m)	**ларар**	[larar]
contar (vt)	**лара**	[lar]
calcular (vt)	**лара**	[lar]
comparar (vt)	**дуста**	[dust]
Quanto?	**Мел?**	[mel]
Quantos? -as?	**Маса?**	[mas]
soma (f)	**жамl**	[ʒam']
resultado (m)	**хилам**	[hɪlam]
resto (m)	**бухадиснарг**	[buhadɪsnarg]
alguns, algumas ...	**масех**	[maseh]
um pouco de ...	**кlезиг**	[k'ezɪg]
resto (m)	**бухадиснарг**	[buhadɪsnarg]
um e meio	**цхьаъ ах**	[ʦhaʔ 'ah]
dúzia (f)	**цlов**	[ʦ'ɔv]
ao meio	**шин декъе**	[ʃɪn deqʔe]
em partes iguais	**цхьабосса**	[ʦhabɔss]
metade (f)	**ах**	[ah]
vez (f)	**цкъа**	[ʦqʔa]

8. Os verbos mais importantes. Parte 1

abrir (vt)	**схьаделла**	[shadell]
acabar, terminar (vt)	**чекхдаккха**	[ʧeqdakq]
aconselhar (vt)	**хьехам бан**	[heham ban]
adivinhar (vt)	**хаа**	[ha'a]

advertir (vt)	**дlахьедан**	[d'ahedan]
ajudar (vt)	**гlо дан**	[ɣɔ dan]
almoçar (vi)	**делкъана хlума яа**	[delqʔan h'um ja'a]
alugar (~ um apartamento)	**лаца**	[lats]
amar (vt)	**деза**	[dez]
ameaçar (vt)	**кхерам тийса**	[qeram tɪ:s]
anotar (escrever)	**дlаяздан**	[d'ajazdan]
apanhar (vt)	**леца**	[lets]
apressar-se (vr)	**сихдала**	[sɪhdal]
arrepender-se (vr)	**дагахьбаллам хила**	[dagahballam hɪl]
assinar (vt)	**куьг таlо**	[kʉg ta'ɔ]
atirar, disparar (vi)	**кхийса**	[qɪ:s]
brincar (vi)	**забарш ян**	[zabarʃ jan]
brincar, jogar (crianças)	**ловза**	[lɔvz]
buscar (vt)	**леха**	[leh]
caçar (vi)	**талла эха**	[tall ɛh]
cair (vi)	**охьаэга**	[ɔhaəg]
cavar (vt)	**ахка**	[ahk]
cessar (vt)	**дlасацо**	[d'asatsɔ]
chamar (~ por socorro)	**кхайкха**	[qajq]
chegar (vi)	**дан**	[dan]
chorar (vi)	**делха**	[delh]
começar (vt)	**доло**	[dɔlɔ]
comparar (vt)	**дуста**	[dust]
compreender (vt)	**кхета**	[qet]
concordar (vi)	**реза хила**	[rez hɪl]
confiar (vt)	**теша**	[teʃ]
confundir (equivocar-se)	**тило**	[tɪlɔ]
conhecer (vt)	**довза**	[dɔvz]
contar (fazer contas)	**лара**	[lar]
contar com (esperar)	**дагахь хила**	[dagah hɪl]
continuar (vt)	**дахдан**	[dahdan]
controlar (vt)	**тlехьажа**	[t'ehaʒ]
convidar (vt)	**схьакхайкха**	[shaqajq]
correr (vi)	**дада**	[dad]
criar (vt)	**кхолла**	[qɔll]
custar (vt)	**деха**	[deh]

9. Os verbos mais importantes. Parte 2

dar (vt)	**дала**	[dal]
dar uma dica	**къедо**	[qʔedɔ]
decorar (enfeitar)	**хаздан**	[hazdan]
defender (vt)	**лардан**	[lardan]
deixar cair (vt)	**охьаэго**	[ɔhaəgɔ]
descer (para baixo)	**охьадан**	[ɔhadan]
desculpar-se (vr)	**бехк цабиллар деха**	[behk tsabɪllar deh]

dirigir (~ uma empresa)	**куьйгаллз дан**	[kʉjgallz dan]
discutir (notícias, etc.)	**дийцаре дилла**	[dɪ:ʦare dɪll]
dizer (vt)	**ала**	[al]
duvidar (vt)	**шекьхила**	[ʃəkʲhɪl]
encontrar (achar)	**каро**	[karɔ]
enganar (vt)	**Iехо**	['eho]
entrar (na sala, etc.)	**чудахар**	[ʧudahar]
enviar (uma carta)	**дIадахьийта**	[d'adahɪ:t]
errar (equivocar-se)	**гIалатдала**	[ɣalatdal]
escolher (vt)	**харжар**	[harʒar]
esconder (vt)	**дIадилла**	[d'adɪll]
escrever (vt)	**яздан**	[jazdan]
esperar (o autocarro, etc.)	**хьежа**	[heʒ]
esperar (ter esperança)	**догдаха**	[dɔgdah]
esquecer (vt)	**диццдала**	[dɪʦdal]
estudar (vt)	**Iамо**	['amɔ]
exigir (vt)	**тIедожо**	[t'edɔʒɔ]
existir (vi)	**хила**	[hɪl]
explicar (vt)	**кхето**	[qetɔ]
falar (vi)	**мотт бийца**	[mɔtt bɪ:ʦ]
faltar (clases, etc.)	**юкъахдита**	[juqʔahdɪt]
fazer (vt)	**дан**	[dan]
ficar em silêncio	**къамел ца дан**	[qʔamel ʦ dan]
gabar-se, jactar-se (vr)	**куралла ян**	[kurall jan]
gritar (vi)	**мохь бетта**	[mɔh bett]
guardar (cartas, etc.)	**лардан**	[lardan]
informar (vt)	**информаци ян, хаам бан**	[ɪnfɔrmaʦɪ jan], [ha'am ban]
insistir (vi)	**тIера ца вала**	[t'er ʦa val]
insultar (vt)	**сий дайа**	[sɪ: daj]
interessar-se (vr)	**довза лаа**	[dɔvz la'a]
ir (a pé)	**даха**	[dah]
ir nadar	**лийча**	[lɪ:ʧ]
jantar (vi)	**пхьор дан**	[phɔr dan]

10. Os verbos mais importantes. Parte 3

ler (vt)	**еша**	[eʃ]
libertar (cidade, etc.)	**мукъадаккха**	[muqʔadakq]
matar (vt)	**ден**	[den]
mencionar (vt)	**хьахо**	[haho]
mostrar (vt)	**гайта**	[gajt]
mudar (modificar)	**хийца**	[hɪ:ʦ]
nadar (vi)	**нека дан**	[nek dan]
negar-se a …	**дуьхьал хила**	[dʉhal hɪl]
objetar (vt)	**дуьхьал хила**	[dʉhal hɪl]
observar (vt)	**тергам бан**	[tergam ban]
ordenar (mil.)	**омра дан**	[ɔmr dan]

ouvir (vt)	**хаза**	[haz]
pagar (vt)	**ахча дала**	[ahʧ dal]
parar (vi)	**саца**	[sats]
participar (vi)	**дакъа лаца**	[daqʔ lats]
pedir (comida)	**заказ ян**	[zakaz jan]
pedir (um favor, etc.)	**деха**	[deh]
pegar (tomar)	**схьаэца**	[shaəts]
pensar (vt)	**ойла ян**	[ɔjl jan]
perceber (ver)	**ган**	[gan]
perdoar (vt)	**геч дан**	[geʧ dan]
perguntar (vt)	**хатта**	[hatt]
permitir (vt)	**магийта**	[magɪ:t]
pertencer a …	**хила**	[hɪl]
planear (vt)	**план хlотто**	[plan h'ɔttɔ]
poder (vi)	**мага**	[mag]
possuir (vt)	**хила**	[hɪl]
preferir (vt)	**гlоли хета**	[ɣɔlɪ het]
preparar (vt)	**кечдан**	[keʧdan]
prever (vt)	**хиндерг хаа**	[hɪnderg ha'a]
prometer (vt)	**вalда дан**	[va'd dan]
pronunciar (vt)	**ала**	[al]
propor (vt)	**хьахо**	[haho]
punir (castigar)	**таlзар дан**	[ta'zar dan]

11. Os verbos mais importantes. Parte 4

quebrar (vt)	**кегдан**	[kegdan]
queixar-se (vr)	**латкъа**	[latqʔ]
querer (desejar)	**лаа**	[la'a]
recomendar (vt)	**мага дан**	[mag dan]
repetir (dizer outra vez)	**юхаала**	[juha'al]
repreender (vt)	**дов дан**	[dɔv dan]
reservar (~ um quarto)	**резервировать ян**	[rezerwɪrɔvatʲ jan]
responder (vt)	**жоп дала**	[ʒɔp dal]
rezar, orar (vi)	**ламаз дан**	[lamaz dan]
rir (vi)	**дела**	[del]
roubar (vt)	**лечкъо**	[leʧqʔɔ]
saber (vt)	**хаа**	[ha'a]
sair (~ de casa)	**арадалар**	[aradalar]
salvar (vt)	**кlелхьардаккха**	[k'elhardakq]
seguir …	**тlаьхьадаха**	[t'æhadah]
sentar-se (vr)	**охьахаа**	[ɔhaha'a]
ser necessário	**оьшуш хила**	[øʃuʃ hɪl]
ser, estar	**хила**	[hɪl]
significar (vt)	**маьlна хила**	[mæ'n hɪl]
sorrir (vi)	**дела къежа**	[del qʔeʒ]
surpreender-se (vr)	**цецдала**	[tsetsdal]

tentar (vt)	**хьажа**	[haʒ]
ter (vt)	**хила**	[hɪl]
ter fome	**хIума яаа лаа**	[h'um ja'a la'a]
ter medo	**кхера**	[qer]
ter sede	**мала лаа**	[mal la'a]
tocar (com as mãos)	**куьг тоха**	[kʉg tɔh]
tomar o pequeno-almoço	**марта даа**	[mart da'a]
trabalhar (vi)	**болх бан**	[bɔlh ban]
traduzir (vt)	**талмажалла дан**	[talmaʒall dan]
unir (vt)	**цхьанатоха**	[ʦhænatɔh]
vender (vt)	**дохка**	[dɔhk]
ver (vt)	**ган**	[gan]
virar (ex. ~ à direita)	**дIадерза**	[d'aderz]
voar (vi)	**лела**	[lel]

12. Cores

cor (f)	**бос**	[bɔs]
matiz (m)	**амат**	[amat]
tom (m)	**бос**	[bɔs]
arco-íris (m)	**стелаIад**	[stela'ad]
branco	**кIайн**	[k'ajn]
preto	**Iаьржа**	['ærʒ]
cinzento	**сира**	[sɪr]
verde	**баьццара**	[bæʦar]
amarelo	**можа**	[mɔʒ]
vermelho	**цIен**	[ʦ'en]
azul	**сийна**	[sɪ:n]
azul claro	**сийна**	[sɪ:n]
rosa	**сирла-цIен**	[sɪrl ʦ'en]
laranja	**цIехо-можа**	[ʦ'eho mɔʒ]
violeta	**цIехо-сийна**	[ʦ'eho sɪ:n]
castanho	**боьмаша**	[bømaʃ]
dourado	**дашо**	[daʃɔ]
prateado	**детиха**	[detɪh]
bege	**бежеви**	[beʒewɪ]
creme	**беда-можа**	[bed mɔʒ]
turquesa	**бирюзан бос**	[bɪrʉzan bɔs]
vermelho cereja	**баьллийн бос**	[bællɪ:n bɔs]
lilás	**сирла-сийна**	[sɪrl sɪ:n]
carmesim	**камарийн бос**	[kamarɪ:n bɔs]
claro	**сирла**	[sɪrl]
escuro	**Iаьржа**	['ærʒ]
vivo	**къегина**	[qʔegɪn]
de cor	**бесара**	[besar]
a cores	**бос болу**	[bɔs bɔlu]

preto e branco	**кlайн-lаьржа**	[k'ajn 'ærʒ]
unicolor	**цхьана бесара**	[ʦhan besar]
multicor	**бес-бесара**	[bes besar]

13. Questões

Quem?	**Мила?**	[mɪl]
Que?	**Хlун?**	[h'un]
Onde?	**Мичахь?**	[mɪʧah]
Para onde?	**Мича?**	[mɪʧ]
De onde?	**Мичара?**	[mɪʧar]
Quando?	**Маца?**	[maʦ]
Para quê?	**Стенна?**	[stenn]
Porquê?	**Хlунда?**	[h'und]
Para quê?	**Стенан?**	[stenan]
Como?	**Муха?**	[muha]
Qual?	**Муьлха?**	[mʉlha]
Qual? (entre dois ou mais)	**Масалгlа?**	[masalɣ]
A quem?	**Хьанна?**	[hann]
Sobre quem?	**Хьанах лаьцна?**	[hanah læʦn]
Do quê?	**Стенах лаьцна?**	[stenah læʦn]
Com quem?	**Хьаьнца?**	[hænʦ]
Quantos? -as?	**Маса?**	[mas]
Quanto?	**Мел?**	[mel]
De quem? (masc.)	**Хьенан?**	[henan]

14. Palavras funcionais. Advérbios. Parte 1

Onde?	**Мичахь?**	[mɪʧah]
aqui	**хьоккхузахь**	[hɔkquzah]
lá, ali	**цигахь**	[ʦɪgah]
em algum lugar	**цхьанхьа-м**	[ʦhanha m]
em lugar nenhum	**цхьаннахьа а**	[ʦhannah a]
ao pé de …	**уллехь**	[ulleh]
ao pé da janela	**кора уллехь**	[kɔr ulleh]
Para onde?	**Мича?**	[mɪʧ]
para cá	**кхузахь**	[quzah]
para lá	**цига**	[ʦɪg]
daqui	**хlоккхузара**	[h'ɔkquzar]
de lá, dali	**цигара**	[ʦɪgar]
perto	**герга**	[gerg]
longe	**гена**	[gen]
perto de …	**улло**	[ullɔ]
ao lado de	**юххе**	[juhe]

perto, não fica longe	**гена доцу**	[gen dɔtsu]
esquerdo	**аьрру**	[ærru]
à esquerda	**аьрру аrlорхьара**	[ærru ɑɣɔrhɑr]
para esquerda	**аьрру аrlор**	[ærru ɑɣɔr]
direito	**аьтту**	[ættu]
à direita	**аьтту аrlорхьара**	[ættu ɑɣɔrhɑr]
para direita	**аьтту аrlор**	[ættu ɑɣɔr]
à frente	**хьалха**	[hɑlh]
da frente	**хьалхара**	[hɑlhɑr]
em frente (para a frente)	**хьалха**	[hɑlh]
atrás de …	**тlехьа**	[t'eh]
por detrás (vir ~)	**тlаьхьа**	[t'æh]
para trás	**юхо**	[juho]
meio (m), metade (f)	**юкъ**	[juqʔ]
no meio	**юккъе**	[jukqʔe]
de lado	**аrlор**	['ɑɣɔr]
em todo lugar	**массанхьа**	[mɑssɑnh]
ao redor (olhar ~)	**гонаха**	[gɔnɑh]
de dentro	**чухула**	[ʧuhul]
para algum lugar	**цхьанхьа**	[ʦhɑnh]
diretamente	**нийсса дlа**	[nɪːss d'ɑ]
de volta	**юха**	[juh]
de algum lugar	**миччара а**	[mɪʧʧɑr ɑ]
de um lugar	**цхьанхьара**	[ʦhɑnhɑr]
em primeiro lugar	**цкъа-делахь**	[ʦqʔɑ delɑh]
em segundo lugar	**шолгlа-делахь**	[ʃɔlɣ delɑh]
em terceiro lugar	**кхоалгlа-делахь**	[qɔɑlɣ delɑh]
de repente	**цlеххьана**	[ʦ'ehɑn]
no início	**юьхьенца**	[juhenʦ]
pela primeira vez	**дуьххьара**	[dʉhɑr]
muito antes de …	**хьалххе**	[hɑlhe]
de novo, novamente	**юха**	[juh]
para sempre	**гуттаренна**	[guttɑrenn]
nunca	**цкъа а**	[ʦqʔɑ 'ɑ]
de novo	**кхин цкъа а**	[qɪn ʦqʔ]
agora	**хlинца**	[h'ɪnʦ]
frequentemente	**кест-кеста**	[kest kest]
então	**хlетахь**	[h'etɑh]
urgentemente	**чехка**	[ʧehk]
usualmente	**нехан санна**	[nehɑn sɑnn]
a propósito, …	**шен метта**	[ʃən mett]
é possível	**тарлун ду**	[tɑrlun du]
provavelmente	**хила мегаш хила**	[hɪl megɑʃ hɪl]
talvez	**хила мега**	[hɪl meg]
além disso, …	**цул совнаха, …**	[ʦul sɔvnɑhɑ]

por isso ...	**цундела**	[ʦundel]
apesar de ...	**делахь а ...**	[delah ɑ ...]
graças a ...	**бахьана долуш ...**	[bɑhɑn dɔluʃ]
que (pron.)	**хlун**	[h'un]
que (conj.)	**а**	['ɑ]
algo	**цхьаъ-м**	[ʦhɑʔ m]
alguma coisa	**цхьа хlума**	[ʦhɑ hum]
nada	**хlумма а дац**	[h'umm ɑ dɑʦ]
quem	**мила**	[mɪl]
alguém (~ teve uma ideia ...)	**цхьаъ**	[ʦhɑʔ]
alguém	**цхьаъ**	[ʦhɑʔ]
ninguém	**цхьа а**	[ʦhɑ ɑ]
para lugar nenhum	**цхьанхха а**	[ʦhɑnh ɑ]
de ninguém	**цхьаьннан а**	[ʦhænnɑn ɑ]
de alguém	**цхьаьннан**	[ʦhænnɑn]
tão	**иштта**	[ɪʃtt]
também (gostaria ~ de ...)	**санна**	[sɑnn]
também (~ eu)	**а**	['ɑ]

15. Palavras funcionais. Advérbios. Parte 2

Porquê?	**Хlунда?**	[h'und]
por alguma razão	**цхьанна-м**	[ʦhɑnnɑ m]
porque ...	**цундела**	[ʦundel]
por qualquer razão	**цхьана хlуманна**	[ʦhɑn humɑnn]
e (tu ~ eu)	**а-а**	[ə- ə]
ou (ser ~ não ser)	**я**	[jɑ]
mas (porém)	**амма**	[ɑmm]
demasiado, muito	**дукха**	[duq]
só, somente	**бен**	[ben]
exatamente	**нийсса**	[nɪːss]
cerca de (~ 10 kg)	**герга**	[gerg]
aproximadamente	**герггарчу хьесапехь**	[gerggɑrʧu hesɑpeh]
aproximado	**герггарчу хьесапера**	[gerggɑrʧu hesɑper]
quase	**герга**	[gergg]
resto (m)	**бухадиснарг**	[buhɑdɪsnɑrg]
cada	**хlор**	[h'ɔr]
qualquer	**муьлхха а**	[mʉlha]
muito	**дукха**	[duq]
muitas pessoas	**дуккха а**	[dukq ɑ]
todos	**дерриг**	[derrɪg]
em troca de ...	**цхьана ... хийцина**	[ʦhɑn hɪːʦɪn]
em troca	**метта**	[mett]
à mão	**куьйга**	[kʉjg]
pouco provável	**те**	[te]

provavelmente **схьахетарехь** [shahetareh]
de propósito **хуъушехь** [hyʔuʃəh]
por acidente **ларамаза** [laramaz]

muito **чIоарIа** [ʧ'ɔ'aɣ]
por exemplo **масала** [masal]
entre **юккъехь** [jukqʔeh]
entre (no meio de) **юккъехь** [jukqʔeh]
especialmente **къасттина** [qʔasttɪn]

Conceitos básicos. Parte 2

16. Opostos

rico	**хьал долу**	[hɑl dɔlu]
pobre	**къен**	[qʔen]
doente	**цомгуш**	[ʦɔmguʃ]
são	**могуш**	[mɔguʃ]
grande	**доккха**	[dɔkq]
pequeno	**жима**	[ʒɪm]
rapidamente	**сиха**	[sɪh]
lentamente	**меллаша**	[mellɑʃ]
rápido	**маса**	[mɑs]
lento	**меллаша**	[mellɑʃ]
alegre	**самукъане**	[sɑmuqʔɑne]
triste	**гlайгlане**	[ɣɑjɣɑne]
juntos	**цхьана**	[ʦhɑn]
separadamente	**къастина**	[qʔɑstɪn]
em voz alta (ler ~)	**хезаш**	[hezɑʃ]
para si (em silêncio)	**ша-шена**	[ʃɑ ʃən]
alto	**лекха**	[leq]
baixo	**лоха**	[lɔh]
profundo	**кlоарга**	[k'ɔɑrg]
pouco fundo	**гомха**	[gɔmh]
sim	**хьаъ**	[hɑʔ]
não	**хlан-хlа**	[h'ɑn h'ɑ]
distante (no espaço)	**генара**	[genɑr]
próximo	**герггара**	[gerggɑr]
longe	**гена**	[gen]
perto	**юххехь**	[juheh]
longo	**деха**	[deh]
curto	**доца**	[dɔʦ]
bom, bondoso	**дика**	[dɪk]
mau	**вон**	[vɔn]
casado	**зуда ялийна**	[zud jɑlɪːn]

solteiro	**зудялоза**	[zud jalɔz]
proibir (vt)	**дехка**	[dehk]
permitir (vt)	**магийта**	[magɪ:t]
fim (m)	**чаккхе**	[ʧakqe]
começo (m)	**юьхь**	[juh]
esquerdo	**аьрру**	[æru]
direito	**аьтту**	[ættu]
primeiro	**хьалхара**	[halhar]
último	**тlаьххьара**	[t'æhar]
crime (m)	**зулам**	[zulam]
castigo (m)	**таlзар**	[ta'zar]
ordenar (vt)	**буьйр дан**	[bʉjr dan]
obedecer (vt)	**муьтlахь хила**	[mʉt'ah hɪl]
reto	**нийса**	[nɪ:s]
curvo	**гона**	[gɔn]
paraíso (m)	**ялсамани**	[jalsamanɪ]
inferno (m)	**жоьжахати**	[ʒøʒahatɪ]
nascer (vi)	**хила**	[hɪl]
morrer (vi)	**дала**	[dal]
forte	**нуьцкъала**	[nʉʦqʔal]
fraco, débil	**гlийла**	[ɣɪ:l]
idoso	**къена**	[qʔen]
jovem	**къона**	[qʔɔn]
velho	**тиша**	[tɪʃ]
novo	**цlина**	[ʦ'ɪn]
duro	**чlоагlа**	[ʧ'ɔ'aɣ]
mole	**кlеда**	[k'ed]
tépido	**мела**	[mel]
frio	**шийла**	[ʃɪ:l]
gordo	**стомма**	[stɔmm]
magro	**оза**	[ɔz]
estreito	**готта**	[gɔtt]
largo	**шуьйра**	[ʃʉjr]
bom	**дика**	[dɪk]
mau	**вон**	[vɔn]
valente	**майра**	[majr]
cobarde	**осала**	[ɔsal]

17. Dias da semana

segunda-feira (f)	**оршот**	[ɔrʃɔt]
terça-feira (f)	**шинара**	[ʃɪnar]
quarta-feira (f)	**кхаара**	[qa'ar]
quinta-feira (f)	**еара**	[ear]
sexta-feira (f)	**пlераска**	[p'erask]
sábado (m)	**шот**	[ʃɔt]
domingo (m)	**кlиранде**	[k'ɪrande]
hoje	**тахана**	[tahan]
amanhã	**кхана**	[qan]
depois de amanhã	**лама**	[lam]
ontem	**селхана**	[selhan]
anteontem	**стомара**	[stɔmar]
dia (m)	**де**	[de]
dia (m) de trabalho	**белхан де**	[belhan de]
feriado (m)	**деза де**	[dez de]
dia (m) de folga	**мукъа де**	[muqʔ de]
fim (m) de semana	**мукъа денош**	[muqʔ denɔʃ]
o dia todo	**деррига де**	[derrɪg de]
no dia seguinte	**шолгlачу дийнахь**	[ʃɔlɣatʃu dɪ:nah]
há dois dias	**ши де хьалха**	[ʃɪ de halh]
na véspera	**де хьалха**	[de halh]
diário	**хlор денна хуьлу**	[h'ɔr denn hʉlu]
todos os dias	**хlор денна хуьлу**	[h'ɔr denn hʉlu]
semana (f)	**кlира**	[k'ɪr]
na semana passada	**дlадаханчу кlирнахь**	[d'adahantʃu k'ɪrnah]
na próxima semana	**тlедогlучу кlирнахь**	[t'edɔɣutʃu k'ɪrnah]
semanal	**хlор кlиранан**	[h'ɔr k'ɪranan]
cada semana	**хlор кlирна**	[h'ɔr k'ɪrn]
duas vezes por semana	**кlирнахь шозза**	[k'ɪrnah ʃɔzz]
cada terça-feira	**хlор шинара**	[h'ɔr ʃɪnar]

18. Horas. Dia e noite

manhã (f)	**lуьйре**	['ʉjre]
de manhã	**lуьйранна**	['ʉjrann]
meio-dia (m)	**делкъе**	[delqʔe]
à tarde	**делкъан тlаьхьа**	[delqʔan t'æh]
noite (f)	**суьйре**	[sʉjre]
à noite (noitinha)	**сарахь**	[sarah]
noite (f)	**буьса**	[bʉs]
à noite	**буса**	[bus]
meia-noite (f)	**буьйсанан юкъ**	[bʉjsanan juqʔ]
segundo (m)	**секунд**	[sekund]
minuto (m)	**минот**	[mɪnɔt]
hora (f)	**сахьт**	[saht]

meia hora (f)	**ахсахьт**	[ahsaht]
quarto (m) de hora	**сахьтах пхийтта**	[sahtah phɪ:tt]
quinze minutos	**15 минот**	[phɪ:tt mɪnɔt]
vinte e quatro horas	**де-буьйса**	[de bʉjs]
nascer (m) do sol	**малх схьакхетар**	[malh shaqetar]
amanhecer (m)	**сатасар**	[satasar]
madrugada (f)	**Iуьйранна хьалххехь**	['ʉjrann halheh]
pôr do sol (m)	**чубузар**	[ʧubuzar]
de madrugada	**Iуьйранна хьалххе**	['ʉjrann halhe]
hoje de manhã	**тахан Iуьйранна**	[tahan 'ʉjrann]
amanhã de manhã	**кхана Iуьйранна**	[qan 'ʉjrann]
hoje à tarde	**тахана дийнахь**	[tahan dɪ:nah]
à tarde	**делкъан тIаьхьа**	[delqʔan t'æh]
amanhã à tarde	**кхана делкъан тIаьхьа**	[qan delqʔan t'æh]
hoje à noite	**тахана суьйранна**	[tahan sʉjrann]
amanhã à noite	**кхана суьйранна**	[qan sʉjrann]
às três horas em ponto	**нийсса кхоъ сахьт даьлча**	[nɪ:ss qøʔ saht dælʧ]
por volta das quatro	**диъ сахьт гергга**	[dɪʔ saht gergg]
às doze	**шийтта сахьт долаж**	[ʃɪ:tt saht dɔlaʒ]
dentro de vinte minutos	**ткъа минот яьлча**	[tqʔ mɪnɔt jælʧ]
dentro duma hora	**цхьа сахьт даьлча**	[ʦha saht dælʧ]
a tempo	**шен хеннахь**	[ʃən hennah]
menos um quarto	**сахьтах пхийтта яьлча**	[sahtah phɪ:tt jælʧ]
durante uma hora	**сахьт даллалц**	[saht dallalʦ]
a cada quinze minutos	**хIор пхийтта минот**	[h'ɔr phɪ:tt mɪnɔt]
as vinte e quatro horas	**дуьззина де-буьйса**	[dʉzzɪn de bʉjs]

19. Meses. Estações

janeiro (m)	**январь**	[janvarʲ]
fevereiro (m)	**февраль**	[fevralj]
março (m)	**март**	[mart]
abril (m)	**апрель**	[aprelj]
maio (m)	**май**	[maj]
junho (m)	**июнь**	[ɪjunj]
julho (m)	**июль**	[ɪʉlj]
agosto (m)	**август**	[avgust]
setembro (m)	**сентябрь**	[sentʲabrʲ]
outubro (m)	**октябрь**	[ɔktʲabrʲ]
novembro (m)	**ноябрь**	[nɔjabrʲ]
dezembro (m)	**декабрь**	[dekabrʲ]
primavera (f)	**бIаьсте**	[b'æste]
na primavera	**бIаьста**	[b'æst]
primaveril	**бIаьстенан**	[b'æstenan]
verão (m)	**аьхке**	[æhke]

no verão	**аьхка**	[æhk]
de verão	**аьхкенан**	[æhkenan]
outono (m)	**гуьйре**	[gʉjre]
no outono	**гурахь**	[gurah]
outonal	**гуьйренан**	[gʉjrenan]
inverno (m)	**la**	['a]
no inverno	**lай**	['aj]
de inverno	**lаьнан**	['ænan]
mês (m)	**бутт**	[butt]
este mês	**кху баттахь**	[qu battah]
no próximo mês	**тlеборlу баттахь**	[t'ebɔɣu battah]
no mês passado	**байна баттахь**	[bajn battah]
há um mês	**цхьа бутт хьалха**	[ʦha butt halh]
dentro de um mês	**цхьа бутт баьлча**	[ʦha butt bælʧ]
dentro de dois meses	**ши бутт баьлча**	[ʃɪ butt bælʧ]
todo o mês	**берригa бутт**	[berrɪg butt]
um mês inteiro	**дийнна бутт**	[dɪ:nn butt]
mensal	**хlор беттан**	[h'ɔr bettan]
mensalmente	**хlор баттахь**	[h'ɔr battah]
cada mês	**хlор бутт**	[h'ɔr butt]
duas vezes por mês	**баттахь 2**	[battah ʃɔzz]
ano (m)	**шо**	[ʃɔ]
este ano	**кхушара**	[quʃar]
no próximo ano	**тlедогlучу шарахь**	[t'edɔɣuʧu ʃarah]
no ano passado	**стохка**	[stɔhk]
há um ano	**шо хьалха**	[ʃɔ halh]
dentro dum ano	**шо даьлча**	[ʃɔ dælʧ]
dentro de 2 anos	**ши шо даьлча**	[ʃɪ ʃɔ dælʧ]
todo o ano	**дерригa шо**	[derrɪg ʃɔ]
um ano inteiro	**дийнна шо**	[dɪ:nn ʃɔ]
cada ano	**хlор шо**	[h'ɔr ʃɔ]
anual	**хlор шеран**	[h'ɔr ʃəran]
anualmente	**хlор шарахь**	[h'ɔr ʃarah]
quatro vezes por ano	**шарахь 4**	[ʃarah døazz]
data (~ de hoje)	**де**	[de]
data (ex. ~ de nascimento)	**терахь**	[terah]
calendário (m)	**календарь**	[kalendarʲ]
meio ano	**ахшо**	[ahʃɔ]
seis meses	**ахшо**	[ahʃɔ]
estação (f)	**зам**	[zam]
século (m)	**оьмар**	[ømar]

20. Tempo. Diversos

tempo (m)	**хан**	[han]
momento (m)	**бlарган негlар туху юкъ**	[b'argan neɣar tuhu juqʔ]

instante (m)	**бIарган неIар туху юкъ**	[b'argan neɣar tuhu juqʔ]
instantâneo	**цIеххьана**	[ʦ'ehan]
lapso (m) de tempo	**хенан юкъ**	[henan juqʔ]
vida (f)	**дахар**	[dahar]
eternidade (f)	**абаде**	[abade]
época (f)	**мур**	[mur]
era (f)	**зама**	[zam]
ciclo (m)	**цикл**	[ʦɪkl]
período (m)	**мур**	[mur]
prazo (m)	**хан**	[han]
futuro (m)	**тIедоIу**	[t'edɔɣu]
futuro	**тIедоIу**	[t'edɔɣu]
da próxima vez	**тIаьхьахула**	[t'æhahul]
passado (m)	**дIадахнарг**	[d'adahnarg]
passado	**дIадахнар**	[d'adahnar]
na vez passada	**тохар**	[tɔhar]
mais tarde	**тIаккха**	[t'akq]
depois	**тIаьхьа**	[t'æh]
atualmente	**хIинца**	[h'ɪnʦ]
agora	**хIинцца**	[h'ɪnʦ]
imediatamente	**хьем ца беш**	[hem ʦa beʃ]
em breve, brevemente	**кеста**	[kest]
de antemão	**хьалхxе**	[halhe]
há muito tempo	**тоххара**	[tɔhar]
há pouco tempo	**дукха хан йоццуш**	[duq han joʦuʃ]
destino (m)	**кхел**	[qel]
recordações (f pl)	**диццадалар**	[dɪʦadalar]
arquivo (m)	**архив**	[arhɪv]
durante ...	**хеннахь ...**	[hennah]
durante muito tempo	**дукха**	[duq]
pouco tempo	**дукха дац**	[duq daʦ]
cedo (levantar-se ~)	**хьалха**	[halh]
tarde (deitar-se ~)	**тIаьхьа**	[t'æh]
para sempre	**даиманна**	[daɪmann]
começar (vt)	**доло**	[dɔlɔ]
adiar (vt)	**тIаьхьадаккха**	[t'æhadakq]
simultaneamente	**цхьана хеннахь**	[ʦhan hennah]
permanentemente	**даимлера**	[daɪmler]
constante (ruído, etc.)	**хаддаза**	[haddaz]
temporário	**ханна**	[hann]
às vezes	**наггахь**	[naggah]
raramente	**кеста ца хуьлу**	[kest ʦa hʉlu]
frequentemente	**кест-кеста**	[kest kest]

21. Linhas e formas

quadrado (m)	**квадрат**	[kvadrat]
quadrado	**квадратан**	[kvadratan]

círculo (m)	**го**	[gɔ]
redondo	**горга**	[gɔrg]
triângulo (m)	**кхосаберг**	[qɔsaberg]
triangular	**кхо са болу**	[qɔ sa bɔlu]
oval (f)	**овал**	[ɔval]
oval	**овалан**	[ɔvalan]
retângulo (m)	**нийса саберг**	[nɪ:s saberg]
retangular	**нийса сенаш долу**	[nɪ:s senaʃ dɔlu]
pirâmide (f)	**пирамида**	[pɪramɪd]
rombo, losango (m)	**ромб**	[rɔmb]
trapézio (m)	**трапеци**	[trapetsɪ]
cubo (m)	**куб**	[kub]
prisma (m)	**призма**	[prɪzm]
circunferência (f)	**хlоз**	[h'ɔz]
esfera (f)	**тlехула**	[t'ehul]
globo (m)	**горгал**	[gɔrgal]
diâmetro (m)	**диаметр**	[dɪametr]
raio (m)	**радиус**	[radɪus]
perímetro (m)	**периметр**	[perɪmetr]
centro (m)	**центр**	[tsentr]
horizontal	**ана**	[an]
vertical	**ирх**	[ɪrh]
paralela (f)	**параллель**	[parallelj]
paralelo	**параллельни**	[paralleljnɪ]
linha (f)	**сиз**	[sɪz]
traço (m)	**сиз**	[sɪz]
reta (f)	**нийсаниг**	[nɪ:sanɪg]
curva (f)	**гома сиз**	[gɔm sɪz]
fino (linha ~a)	**дуткъа**	[dutqʔ]
contorno (m)	**гlаларт**	[ɣalart]
interseção (f)	**хадор**	[hadɔr]
ângulo (m) reto	**нийса саберг**	[nɪ:s saberg]
segmento (m)	**сегмент**	[segment]
setor (m)	**сектор**	[sektɔr]
lado (de um triângulo, etc.)	**агlо**	['aɣɔ]
ângulo (m)	**са**	[s]

22. Unidades de medida

peso (m)	**дозалла**	[dɔzall]
comprimento (m)	**йохалла**	[johall]
largura (f)	**шоралла**	[ʃɔrall]
altura (f)	**лакхалла**	[laqall]
profundidade (f)	**кlоргалла**	[k'ɔrgall]
volume (m)	**дукхалла**	[duqall]
área (f)	**майда**	[majd]
grama (m)	**грамм**	[gramm]
miligrama (m)	**миллиграмм**	[mɪllɪgramm]

quilograma (m)	**килограмм**	[kɪlɔgramm]
tonelada (f)	**тонна**	[tɔn]
libra (453,6 gramas)	**герка**	[gerk]
onça (f)	**унци**	[unʦɪ]
metro (m)	**метр**	[metr]
milímetro (m)	**миллиметр**	[mɪllɪmetr]
centímetro (m)	**сантиметр**	[santɪmetr]
quilómetro (m)	**километр**	[kɪlɔmetr]
milha (f)	**миля**	[mɪlj]
polegada (f)	**дюйм**	[dʉjm]
pé (304,74 mm)	**фут**	[fut]
jarda (914,383 mm)	**ярд**	[jard]
metro (m) quadrado	**квадратни метр**	[kvadratnɪ metr]
hectare (m)	**гектар**	[gektar]
litro (m)	**литр**	[lɪtr]
grau (m)	**градус**	[gradus]
volt (m)	**вольт**	[vɔljt]
ampere (m)	**ампер**	[amper]
cavalo-vapor (m)	**говран ницкъ**	[gɔvran nɪʦqʔ]
quantidade (f)	**дукхалла**	[duqall]
um pouco de ...	**кlезиг**	[k'ezɪg]
metade (f)	**ах**	[ah]
dúzia (f)	**цlов**	[ʦ'ɔv]
peça (f)	**цхьаъ**	[ʦhaʔ]
dimensão (f)	**барам**	[baram]
escala (f)	**масштаб**	[masʃtab]
mínimo	**уггар кlезиг**	[uggar k'ezɪg]
menor, mais pequeno	**уггара кlезигаха долу**	[uggar k'ezɪgaha dɔlu]
médio	**юккъера**	[jukqʔer]
máximo	**уггар дукха**	[uggar duq]
maior, mais grande	**уггара дукхаха долу**	[uggar duqaha dɔlu]

23. Recipientes

boião (m) de vidro	**банка**	[bank]
lata (~ de cerveja)	**банка**	[bank]
balde (m)	**ведар**	[wedar]
barril (m)	**боьшка**	[bøʃk]
bacia (~ de plástico)	**тас**	[tas]
tanque (m)	**бак**	[bak]
cantil (m) de bolso	**фляжк**	[fljaʒk]
bidão (m) de gasolina	**канистр**	[kanɪstr]
cisterna (f)	**цистерна**	[ʦɪstern]
caneca (f)	**кружка**	[kruʒk]
chávena (f)	**кад**	[kad]

pires (m)	**бошхап**	[bɔʃhap]
copo (m)	**стака**	[stak]
taça (f) de vinho	**кад**	[kad]
panela, caçarola (f)	**яй**	[jaj]
garrafa (f)	**шиша**	[ʃɪʃ]
gargalo (m)	**бертиг**	[bertɪg]
jarro, garrafa (f)	**сурийла**	[surɪ:l]
jarro (m) de barro	**кlудал**	[k'udal]
recipiente (m)	**пхьегlа**	[pheɣ]
pote (m)	**кхаба**	[qab]
vaso (m)	**ваза**	[vaz]
frasco (~ de perfume)	**флакон**	[flakɔn]
frasquinho (ex. ~ de iodo)	**шиша**	[ʃɪʃ]
tubo (~ de pasta dentífrica)	**тюбик**	[tʉbɪk]
saca (ex. ~ de açúcar)	**гали**	[galɪ]
saco (~ de plástico)	**пакет**	[paket]
maço (m)	**ботт**	[bɔtt]
caixa (~ de sapatos, etc.)	**гlутакх**	[ɣutaq]
caixa (~ de madeira)	**яьшка**	[jæʃk]
cesta (f)	**тускар**	[tuskar]

24. Materiais

material (m)	**коьчал**	[køʧal]
madeira (f)	**дитт**	[dɪtt]
de madeira	**дечиган**	[deʧɪgan]
vidro (m)	**ангали**	[angalɪ]
de vidro	**ангалин**	[angalɪn]
pedra (f)	**тlулг**	[t'ulg]
de pedra	**тlулган**	[t'ulgan]
plástico (m)	**пластик**	[plastɪk]
de plástico	**пластмассови**	[plastmassɔwɪ]
borracha (f)	**резина**	[rezɪn]
de borracha	**резинин**	[rezɪnɪn]
tecido, pano (m)	**кlади**	[k'adɪ]
de tecido	**кlадах**	[k'adah]
papel (m)	**кехат**	[kehat]
de papel	**кехатан**	[kehatan]
cartão (m)	**мужалт**	[muʒalt]
de cartão	**мужалтан**	[muʒaltan]
polietileno (m)	**полиэтилен**	[pɔlɪɛtɪlen]
celofane (m)	**целлофан**	[ʦellɔfan]

contraplacado (m)	**фанера**	[faner]
porcelana (f)	**кӀайн кхийра**	[k'ajn qɪ:r]
de porcelana	**кӀайчу кхийран**	[k'ajʧu qɪ:ran]
barro (f)	**поппар**	[pɔppar]
de barro	**кхийра**	[qɪ:r]
cerâmica (f)	**кхийра**	[qɪ:r]
de cerâmica	**кхийран**	[qɪ:ran]

25. Metais

metal (m)	**металл**	[metall]
metálico	**металлан**	[metallan]
liga (f)	**лалам**	[lalam]
ouro (m)	**деши**	[deʃɪ]
de ouro	**дашо**	[daʃɔ]
prata (f)	**дети**	[detɪ]
de prata	**дато**	[datɔ]
ferro (m)	**эчиг**	[ɛʧɪg]
de ferro	**аьчка**	[æʧk]
aço (m)	**болат**	[bɔlat]
de aço	**болатан**	[bɔlatan]
cobre (m)	**цӀаста**	[ʦ'ast]
de cobre	**цӀастан**	[ʦ'astan]
alumínio (m)	**наштар**	[naʃtar]
de alumínio	**наштаран**	[naʃtaran]
bronze (m)	**борза**	[bɔrz]
de bronze	**борзанан**	[bɔrzanan]
latão (m)	**латунь**	[latunj]
níquel (m)	**никель**	[nɪkelj]
platina (f)	**кӀайн деши**	[k'ajn deʃɪ]
mercúrio (m)	**гинсу**	[gɪnsu]
estanho (m)	**гӀели**	[ɣelɪ]
chumbo (m)	**даш**	[daʃ]
zinco (m)	**цинк**	[ʦɪnk]

O SER HUMANO

O ser humano. O corpo

26. Humanos. Conceitos básicos

ser (m) humano	**стаг**	[stɑg]
homem (m)	**боьрша стаг**	[bøɾʃ stɑg]
mulher (f)	**зуда**	[zud]
criança (f)	**бер**	[ber]
menina (f)	**жима йоl**	[ʒɪm joʕ]
menino (m)	**кlант**	[k'ɑnt]
adolescente (m)	**кхиазхо**	[qɪɑzho]
velho (m)	**воккха стаг**	[vɔkq stɑg]
velha, anciã (f)	**йоккха стаг**	[jokq stɑg]

27. Anatomia humana

organismo (m)	**организм**	[ɔrgɑnɪzm]
coração (m)	**дог**	[dɔg]
sangue (m)	**цlий**	[ʦ'ɪː]
artéria (f)	**дегапха**	[degɑph]
veia (f)	**пха**	[ph]
cérebro (m)	**хье**	[he]
nervo (m)	**нерв**	[nerv]
nervos (m pl)	**нерваш**	[nervɑʃ]
vértebra (f)	**букъдаьlахк**	[buqʔdæ'ɑhk]
coluna (f) vertebral	**букъсурт**	[buqʔsurt]
estômago (m)	**хьер**	[her]
intestinos (m pl)	**чуьйраш**	[ʧʉjrɑʃ]
intestino (m)	**йоьхь**	[jøh]
fígado (m)	**доlах**	[dɔ'ɑh]
rim (m)	**чlениг**	[ʧ'enɪg]
osso (m)	**даьlахк**	[dæ'ɑhk]
esqueleto (m)	**скелет**	[skelet]
costela (f)	**пlенда**	[p'end]
crânio (m)	**туьта**	[tʉt]
músculo (m)	**дилха**	[dɪlh]
bíceps (m)	**пхьаьрсан пхьид**	[phærsɑn phɪd]
tríceps (m)	**трицепс**	[trɪʦeps]
tendão (m)	**хьорзам**	[hɔrzɑm]
articulação (f)	**хоттар**	[hottɑr]

pulmões (m pl)	**пехаш**	[pehaʃ]
órgãos (m pl) genitais	**стен-боьршаллин органаш**	[sten børʃallɪn ɔrganaʃ]
pele (f)	**цӀока**	[ʦ'ɔk]

28. Cabeça

cabeça (f)	**корта**	[kɔrt]
cara (f)	**юьхь**	[juh]
nariz (m)	**мара**	[mar]
boca (f)	**бага**	[bag]
olho (m)	**бӀаьрга**	[b'ærg]
olhos (m pl)	**бӀаьргаш**	[b'ærgaʃ]
pupila (f)	**йоӀбӀаьрг**	[jo'b'ærg]
sobrancelha (f)	**цӀоцкъам**	[ʦ'ɔʦqʔam]
pestana (f)	**бӀарган негӀарийн чоьш**	[b'argan neɣarɪ:n ʧøʃ]
pálpebra (f)	**бӀаьрганегӀар**	[b'ærganeɣar]
língua (f)	**мотт**	[mɔtt]
dente (m)	**церг**	[ʦerg]
lábios (m pl)	**балдаш**	[baldaʃ]
maçãs (f pl) do rosto	**бӀаьрадаьӀахкаш**	[b'æradæ'ahkaʃ]
gengiva (f)	**доьлаш**	[dølaʃ]
palato (m)	**стигал**	[stɪgal]
narinas (f pl)	**меран Ӏуьргаш**	[meran 'ʉrgaʃ]
queixo (m)	**чӀениг**	[ʧ'enɪg]
mandíbula (f)	**мочхал**	[mɔʧhal]
bochecha (f)	**бесни**	[besnɪ]
testa (f)	**хьаж**	[haʒ]
têmpora (f)	**лергаюх**	[lergajuh]
orelha (f)	**лерг**	[lerg]
nuca (f)	**кӀесаркӀаг**	[k'esark'ag]
pescoço (m)	**ворта**	[vɔrt]
garganta (f)	**къамкъарг**	[qʔamqʔarg]
cabelos (m pl)	**месаш**	[mesaʃ]
penteado (m)	**тойина месаш**	[tɔjɪn mesaʃ]
corte (m) de cabelo	**месаш дӀахедор**	[mesaʃ d'ahedɔr]
peruca (f)	**парик**	[parɪk]
bigode (m)	**мекхаш**	[meqaʃ]
barba (f)	**маж**	[maʒ]
usar, ter (~ barba, etc.)	**лело**	[lelɔ]
trança (f)	**кӀажар**	[k'aʒar]
suíças (f pl)	**бакенбардаш**	[bakenbardaʃ]
ruivo	**хьаьрса**	[hærs]
grisalho	**къоьжа**	[qʔøʒ]
calvo	**кӀунзал**	[k'unzal]
calva (f)	**кӀунзал**	[k'unzal]
rabo-de-cavalo (m)	**цӀога**	[ʦ'ɔg]
franja (f)	**кӀужал**	[k'uʒal]

29. Corpo humano

mão (f)	**тIара**	[t'ɑr]
braço (m)	**куьйг**	[kʉjg]
dedo (m)	**пIелг**	[p'elg]
polegar (m)	**нана пIелг**	[nɑn p'elg]
dedo (m) mindinho	**цIаза-пIелг**	[ʦ'ɑz p'elg]
unha (f)	**мIара**	[m'ɑr]
punho (m)	**буй**	[buj]
palma (f) da mão	**кераюкъ**	[kerɑjuqʔ]
pulso (m)	**куьйган хьакхолг**	[kʉjgɑn hɑqɔlg]
antebraço (m)	**пхьарс**	[phɑrs]
cotovelo (m)	**гола**	[gɔl]
ombro (m)	**белш**	[belʃ]
perna (f)	**ког**	[kɔg]
pé (m)	**коган кIело**	[kɔgɑn k'elɔ]
joelho (m)	**гола**	[gɔl]
barriga (f) da perna	**пхьид**	[phɪd]
anca (f)	**варе**	[vɑre]
calcanhar (m)	**кIажа**	[k'ɑʒ]
corpo (m)	**дегI**	[deɣ]
barriga (f)	**гай**	[gɑj]
peito (m)	**накха**	[nɑq]
seio (m)	**накха**	[nɑq]
lado (m)	**агIо**	['ɑɣɔ]
costas (f pl)	**букъ**	[buqʔ]
região (f) lombar	**хоттарш**	[hottɑrʃ]
cintura (f)	**гIодаюкъ**	[ɣɔdɑjuqʔ]
umbigo (m)	**цIонга**	[ʦ'ɔng]
nádegas (f pl)	**хенан маьIиг**	[henɑn mæ'ɪg]
traseiro (m)	**тIехье**	[t'ehe]
sinal (m)	**кIеда**	[k'ed]
sinal (m) de nascença	**минга**	[mɪng]
tatuagem (f)	**дагар**	[dɑgɑr]
cicatriz (f)	**мо**	[mɔ]

Vestuário & Acessórios

30. Roupa exterior. Casacos

roupa (f)	**бедар**	[bedɑr]
roupa (f) exterior	**тlехула юху бедар**	[t'ehul juhu bedɑr]
roupa (f) de inverno	**lаьнан барзакъ**	['ænɑn bɑrzɑqʔ]
sobretudo (m)	**пальто**	[pɑljtɔ]
casaco (m) de peles	**кетар**	[ketɑr]
casaco curto (m) de peles	**йоца кетар**	[joʦ ketɑr]
casaco (m) acolchoado	**месийн гоь**	[mesɪːn gø]
casaco, blusão (m)	**куртка**	[kurtk]
impermeável (m)	**плащ**	[plɑɕ]
impermeável	**хи чекх ца долу**	[hɪ ʧeq ʦɑ dɔlu]

31. Vestuário de homem & mulher

camisa (f)	**коч**	[kɔʧ]
calças (f pl)	**хеча**	[heʧ]
calças (f pl) de ganga	**джинсаш**	[ʤɪnsɑʃ]
casaco (m) de fato	**пиджак**	[pɪʤɑk]
fato (m)	**костюм**	[kɔstʉm]
vestido (ex. ~ vermelho)	**бедар**	[bedɑr]
saia (f)	**юпка**	[jupk]
blusa (f)	**блузка**	[bluzk]
casaco (m) de malha	**кофта**	[kɔft]
casaco, blazer (m)	**жакет**	[ʒɑket]
T-shirt, camiseta (f)	**футболк**	[futbɔlk]
calções (Bermudas, etc.)	**шорташ**	[ʃɔrtɑʃ]
fato (m) de treino	**спортан костюм**	[spɔrtɑn kɔstʉm]
roupão (m) de banho	**оба**	[ɔb]
pijama (m)	**пижама**	[pɪʒɑm]
suéter (m)	**свитер**	[swɪter]
pulôver (m)	**пуловер**	[pulɔwer]
colete (m)	**жилет**	[ʒɪlet]
fraque (m)	**фрак**	[frɑk]
smoking (m)	**смокинг**	[smɔkɪng]
uniforme (m)	**форма**	[fɔrm]
roupa (f) de trabalho	**белхан бедар**	[belhan bedɑr]
fato-macaco (m)	**комбинезон**	[kɔmbɪnezɔn]
bata (~ branca, etc.)	**оба**	[ɔb]

32. Vestuário. Roupa interior

roupa (f) interior	**чухулаюху хlуманаш**	[ʧuhulɑjuhu h'umɑnɑʃ]
camisola (f) interior	**майка**	[mɑjk]
peúgas (f pl)	**пазаташ**	[pɑzɑtɑʃ]
camisa (f) de noite	**вуьжуш юху коч**	[vʉʒuʃ juhu kɔʧ]
sutiã (m)	**бюстгалтер**	[bʉstgɑlter]
meias longas (f pl)	**пазаташ**	[pɑzɑtɑʃ]
meia-calça (f)	**колготкаш**	[kɔlgɔtkɑʃ]
meias (f pl)	**пазаташ**	[pɑzɑtɑʃ]
fato (m) de banho	**луьйчушъюхург**	[lʉjʧuʃʔʉhurg]

33. Adereços de cabeça

chapéu (m)	**куй**	[kuj]
chapéu (m) de feltro	**шляпа**	[ʃljɑp]
boné (m) de beisebol	**бейсболк**	[bejsbɔlk]
boné (m)	**кепка**	[kepk]
boina (f)	**берет**	[beret]
capuz (m)	**бошлакх**	[bɔʃlɑq]
panamá (m)	**панамка**	[pɑnɑmk]
gorro (m) de malha	**юьйцина куй**	[jujʦɪn kuj]
lenço (m)	**йовлакх**	[jovlɑq]
chapéu (m) de mulher	**шляпин цуьрг**	[ʃljɑpɪn ʦʉrg]
capacete (m) de proteção	**каска**	[kɑsk]
bibico (m)	**пилотка**	[pɪlɔtk]
capacete (m)	**гlем**	[ɣem]
chapéu-coco (m)	**яй**	[jɑj]
chapéu (m) alto	**цилиндр**	[ʦɪlɪndr]

34. Calçado

calçado (m)	**мача**	[mɑʧ]
botinas (f pl)	**батенкаш**	[bɑtenkɑʃ]
sapatos (de salto alto, etc.)	**туфлеш**	[tufleʃ]
botas (f pl)	**эткаш**	[ɛtkɑʃ]
pantufas (f pl)	**кlархаш**	[k'ɑrhɑʃ]
ténis (m pl)	**красовкаш**	[krɑsɔvkɑʃ]
sapatilhas (f pl)	**кеди**	[kedɪ]
sandálias (f pl)	**сандалеш**	[sɑndɑleʃ]
sapateiro (m)	**эткийн пхьар**	[ɛtkɪ:n phɑr]
salto (m)	**кlажа**	[k'ɑʒ]
par (m)	**шиъ**	[ʃɪʔ]
atacador (m)	**чимчаргlа**	[ʧɪmʧɑrɣ]

apertar os atacadores	**чимчаргIа дIадехка**	[ʧɪmʧarɣ d'adehk]
calçadeira (f)	**Iайг**	['ajg]
graxa (f) para calçado	**мачийн крем**	[maʧɪ:n krem]

35. Têxtil. Tecidos

algodão (m)	**бамба**	[bamb]
de algodão	**бамбан**	[bamban]
linho (m)	**вета**	[wet]
de linho	**ветан**	[wetan]
seda (f)	**чилла**	[ʧɪll]
de seda	**чилланан**	[ʧɪllanan]
lã (f)	**тIаргIа**	[t'arɣ]
de lã	**тIергIан**	[t'erɣan]
veludo (m)	**бархат**	[barhat]
camurça (f)	**замша**	[zamʃ]
bombazina (f)	**хут**	[hut]
náilon (m)	**нейлон**	[nejlɔn]
de náilon	**нейлонан**	[nejlɔnan]
poliéster (m)	**полиэстер**	[pɔlɪɛster]
de poliéster	**полиэстеран**	[pɔlɪɛsteran]
couro (m)	**тIаьрсиг**	[t'ærsɪg]
de couro	**тIаьрсиган**	[t'ærsɪgan]
pele (f)	**чо**	[ʧɔ]
de peles, de pele	**чо болу**	[ʧɔ bɔlu]

36. Acessórios pessoais

luvas (f pl)	**карнаш**	[karnaʃ]
mitenes (f pl)	**каранаш**	[karanaʃ]
cachecol (m)	**шарф**	[ʃarf]
óculos (m pl)	**куьзганаш**	[kʉzganaʃ]
armação (f) de óculos	**куьзганийн гура**	[kʉzganɪ:n gur]
guarda-chuva (m)	**зонтик**	[zɔntɪk]
bengala (f)	**Iасалг**	['asalg]
escova (f) para o cabelo	**щётка**	[ɕ'otk]
leque (m)	**мохтухург**	[mɔhtuhurg]
gravata (f)	**галстук**	[galstuk]
gravata-borboleta (f)	**галстук-бабочка**	[galstuk babɔʧk]
suspensórios (m pl)	**доьхкарш**	[døhkarʃ]
lenço (m)	**мерах хьокху йовлакх**	[merah hɔqu jovlaq]
pente (m)	**ехк**	[ehk]
travessão (m)	**маха**	[mah]
gancho (m) de cabelo	**мIара**	[m'ar]
fivela (f)	**кIега**	[k'eg]

cinto (m)	**доькха**	[døhk]
correia (f)	**бухка**	[buhk]
mala (f)	**тIормиг**	[t'ɔrmɪg]
mala (f) de senhora	**тIормиг**	[t'ɔrmɪg]
mochila (f)	**рюкзак**	[rʉkzak]

37. Vestuário. Diversos

moda (f)	**мода**	[mɔd]
na moda	**модехь долу**	[mɔdeh dɔlu]
estilista (m)	**модельхо**	[mɔdeljho]
colarinho (m), gola (f)	**кач**	[katʃ]
bolso (m)	**киса**	[kɪs]
de bolso	**кисанан**	[kɪsanan]
manga (f)	**пхьош**	[phɔʃ]
alcinha (f)	**лалам**	[lalam]
braguilha (f)	**ширинка**	[ʃɪrɪnk]
fecho (m) de correr	**догIа**	[dɔɣ]
fecho (m), colchete (m)	**туьйдарг**	[tʉjdarg]
botão (m)	**нуьйда**	[nʉjd]
casa (f) de botão	**туьйдарг**	[tʉjdarg]
soltar-se (vr)	**дIадала**	[d'adal]
coser, costurar (vi)	**тега**	[teg]
bordar (vt)	**дага**	[dag]
bordado (m)	**дагар**	[dagar]
agulha (f)	**маха**	[mah]
fio (m)	**тай**	[taj]
costura (f)	**эвна**	[ɛvn]
sujar-se (vr)	**бехдала**	[behdal]
mancha (f)	**таммагIа**	[tammaɣ]
engelhar-se (vr)	**хьерча**	[hertʃ]
rasgar (vt)	**датIо**	[dat'ɔ]
traça (f)	**неца**	[nets]

38. Cuidados pessoais. Cosméticos

pasta (f) de dentes	**цергийн паста**	[tsergɪ:n past]
escova (f) de dentes	**цергийг щётка**	[tsergɪ:g ɕʲotk]
escovar os dentes	**цергаш цIанъян**	[tsergaʃ ts'anʔjan]
máquina (f) de barbear	**урс**	[urs]
creme (m) de barbear	**маж йошуш хьокху крем**	[maʒ joʃuʃ hɔqu krem]
barbear-se (vr)	**даша**	[daʃ]
sabonete (m)	**саба**	[sab]
champô (m)	**шампунь**	[ʃampunj]
tesoura (f)	**тукар**	[tukar]

lima (f) de unhas	**ков**	[kɔv]
corta-unhas (m)	**маlраш йоху морзах**	[ma'raʃ johu mɔrzah]
pinça (f)	**пинцет**	[pɪnʦet]
cosméticos (m pl)	**косметика**	[kɔsmetɪk]
máscara (f) facial	**маска**	[mask]
manicura (f)	**маникюр**	[manɪkʉr]
fazer a manicura	**маникюр ян**	[manɪkʉr jan]
pedicure (f)	**педикюр**	[pedɪkʉr]
mala (f) de maquilhagem	**косметичка**	[kɔsmetɪʧk]
pó (m)	**пудра**	[pudr]
caixa (f) de pó	**пудрадухкург**	[pudraduhkurg]
blush (m)	**цlен басарш**	[ʦ'en basarʃ]
perfume (m)	**духlи**	[duh'ɪ]
água (f) de toilette	**туалетан хи**	[tualetan hɪ]
loção (f)	**лосьон**	[lɔsʲɔn]
água-de-colónia (f)	**lатlар**	['at'ar]
sombra (f) de olhos	**тенеш**	[teneʃ]
lápis (m) delineador	**бlаргах хьокху къолам**	[b'argah hɔqu qʔɔlam]
máscara (f), rímel (m)	**тушь**	[tuʃ]
batom (m)	**балдех хьокху хьакхар**	[baldeh hɔqu haqar]
verniz (m) de unhas	**маlрат хьокху лак**	[ma'rat hɔqu lak]
laca (f) para cabelos	**месашт хьокху лак**	[mesaʃt hɔqu lak]
desodorizante (m)	**дезодарант**	[dezɔdarant]
creme (m)	**крем**	[krem]
creme (m) de rosto	**юьхьах хьокху крем**	[juhah hɔqu krem]
creme (m) de mãos	**куьйгах хьокху крем**	[kʉjgah hɔqu krem]
creme (m) antirrugas	**хершнаш дуьхьал крем**	[herʃnaʃ dʉhal krem]
de dia	**дийнан**	[dɪːnan]
da noite	**буьйсанан**	[bʉjsanan]
tampão (m)	**тампон**	[tampɔn]
papel (m) higiénico	**хьаштагlан кехат**	[haʃtaɣan kehat]
secador (m) elétrico	**месашъякъорг**	[mesaʃʰjaqʔɔrg]

39. Joalheria

joias (f pl)	**мехела хlума**	[mehel h'um]
precioso	**мехала**	[mehal]
marca (f) de contraste	**цlеналла**	[ʦ'enall]
anel (m)	**чlуг**	[ʧ'ug]
aliança (f)	**тlорд**	[t'ɔrd]
pulseira (f)	**хlоз**	[h'ɔz]
brincos (m pl)	**чlагарш**	[ʧ'agarʃ]
colar (m)	**туьтеш**	[tʉteʃ]
coroa (f)	**таж**	[taʒ]
colar (m) de contas	**туьтеш**	[tʉteʃ]

diamante (m)	**бриллиант**	[brɪllɪant]
esmeralda (f)	**изумруд**	[ɪzumrud]
rubi (m)	**цlен алмаз**	[ʦ'en almaz]
safira (f)	**сапфир**	[sapfɪr]
pérola (f)	**жовхlар**	[ʒɔvh'ar]
âmbar (m)	**янтар**	[jantar]

40. Relógios de pulso. Relógios

relógio (m) de pulso	**пхьаьрсах доьхку сахьт**	[phærsah døhku saht]
mostrador (m)	**циферблат**	[ʦɪferblat]
ponteiro (m)	**сахьтан цамза**	[sahtan ʦamz]
bracelete (f) em aço	**сахьтан хlоз**	[sahtan h'ɔz]
bracelete (f) em couro	**ремешок**	[remeʃɔk]
pilha (f)	**батарейка**	[batarejk]
descarregar-se	**охьахаа**	[ɔhaha'a]
trocar a pilha	**хийца**	[hɪːʦ]
estar adiantado	**сихадала**	[sɪhadal]
estar atrasado	**тlехь лела**	[t'eh lel]
relógio (m) de parede	**пенах уллу сахьт**	[penah ullu saht]
ampulheta (f)	**гlамаран сахьт**	[ɣamaran saht]
relógio (m) de sol	**маьлхан сахьт**	[mælhan saht]
despertador (m)	**сомавоккху сахьт**	[sɔmavɔkqu saht]
relojoeiro (m)	**сахьтийн пхьар**	[sahtɪːn phar]
reparar (vt)	**тадан**	[tadan]

Alimentação. Nutrição

41. Comida

carne (f)	**жижиг**	[ʒɪʒɪg]
galinha (f)	**котам**	[kɔtam]
frango (m)	**кlорни**	[k'ɔrnɪ]
pato (m)	**бад**	[bad]
ganso (m)	**гlаз**	[ɣaz]
caça (f)	**экха**	[ɛq]
peru (m)	**москал-котам**	[mɔskal kɔtam]
carne (f) de porco	**хьакхин жижиг**	[haqɪn ʒɪʒɪg]
carne (f) de vitela	**эсан жижиг**	[ɛsan ʒɪʒɪg]
carne (f) de carneiro	**уьстагlан жижиг**	[ʉstaɣan ʒɪʒɪg]
carne (f) de vaca	**бежанан жижиг**	[beʒanan ʒɪʒɪg]
carne (f) de coelho	**пхьагал**	[phagal]
chouriço, salsichão (m)	**марш**	[marʃ]
salsicha (f)	**йоьхь**	[jøh]
bacon (m)	**бекон**	[bekɔn]
fiambre (f)	**дакъийна хьакхин жижиг**	[daqʔɪːn haqɪn ʒɪʒɪg]
presunto (m)	**хьакхин гlогl**	[haqɪn ɣɔɣ]
patê (m)	**паштет**	[paʃtet]
fígado (m)	**доlах**	[dɔ'ah]
carne (f) moída	**аьхьана жижиг**	[æhan ʒɪʒɪg]
língua (f)	**мотт**	[mɔtt]
ovo (m)	**хlоа**	[h'ɔ'a]
ovos (m pl)	**хlоаш**	[h'ɔ'aʃ]
clara (f) do ovo	**кlайн хlоа**	[k'ajn h'ɔ'a]
gema (f) do ovo	**буьйра**	[bʉjr]
peixe (m)	**чlара**	[ʧ'ar]
mariscos (m pl)	**хlордан сурсаташ**	[h'ɔrdan sursataʃ]
caviar (m)	**зирх**	[zɪrh]
caranguejo (m)	**краб**	[krab]
camarão (m)	**креветка**	[krewetk]
ostra (f)	**устрица**	[ustrɪʦ]
lagosta (f)	**лангуст**	[langust]
polvo (m)	**бархlкогберг**	[barh'kɔgberg]
lula (f)	**кальмар**	[kaljmar]
esturjão (m)	**иргlу**	[ɪrɣu]
salmão (m)	**лосось**	[lɔsɔs[j]]
halibute (m)	**палтус**	[paltus]
bacalhau (m)	**треска**	[tresk]
cavala, sarda (f)	**скумбри**	[skumbrɪ]

atum (m) **тунец** [tunеʦ]
enguia (f) **жlаьлин чlара** [ʒ'ælɪn ʧ'ar]

truta (f) **бакъ чlара** [baqʔ ʧ'ar]
sardinha (f) **сардина** [sardɪn]
lúcio (m) **гlазкхийн чlара** [ɣazqɪ:n ʧ'ar]
arenque (m) **сельдь** [seljdʲ]

pão (m) **бепиг** [bepɪg]
queijo (m) **нехча** [nehʧ]
açúcar (m) **шекар** [ʃəkar]
sal (m) **туьха** [tʉh]

arroz (m) **дуга** [dug]
massas (f pl) **макаронаш** [makarɔnaʃ]
talharim (m) **гарзанаш** [garzanaʃ]

manteiga (f) **налха** [nalh]
óleo (m) vegetal **ораматийн даьтта** [ɔramatɪ:n dætt]
óleo (m) de girassol **хlун даьтта** [h'un dætt]
margarina (f) **маргарин** [margarɪn]

azeitonas (f pl) **оливкаш** [ɔlɪvkaʃ]
azeite (m) **оливкан даьтта** [ɔlɪvkan dætt]

leite (m) **шура** [ʃur]
leite (m) condensado **юкъйина шура** [juqʔjɪn ʃur]
iogurte (m) **йогурт** [jogurt]
nata (f) azeda **тlо** [t'ɔ]
nata (f) do leite **гlаймакх** [ɣajmaq]

maionese (f) **майнез** [majnez]
creme (m) **крем** [krem]

grãos (m pl) de cereais **lов** ['ɔv]
farinha (f) **дама** [dam]
enlatados (m pl) **консерваш** [kɔnservaʃ]

flocos (m pl) de milho **хьаьжкlийн чуьппалгаш** [hæʒk'ɪ:n ʧʉppalgaʃ]
mel (m) **моз** [mɔz]
doce (m) **джем** [ʤem]
pastilha (f) elástica **сегlаз** [seɣaz]

42. Bebidas

água (f) **хи** [hɪ]
água (f) potável **молу хи** [mɔlu hɪ]
água (f) mineral **дарбане хи** [darbane hɪ]

sem gás **газ йоцуш** [gaz joʦuʃ]
gaseificada **газ тоьхна** [gaz tøhn]
com gás **газ йолуш** [gaz joluʃ]
gelo (m) **ша** [ʃ]
com gelo **ша болуш** [ʃa bɔluʃ]

sem álcool	**алкоголь йоцу**	[alkɔgɔlj jotsu]
bebida (f) sem álcool	**алкоголь йоцу маларш**	[alkɔgɔlj jotsu malarʃ]
refresco (m)	**хьогаллин малар**	[hɔgallɪn malar]
limonada (f)	**лимонад**	[lɪmɔnad]
bebidas (f pl) alcoólicas	**алкоголь йолу маларш**	[alkɔgɔlj jolu malarʃ]
vinho (m)	**чагӏар**	[ʧaɣar]
vinho (m) branco	**кӏай чагӏар**	[k'aj ʧaɣar]
vinho (m) tinto	**цӏен чагӏар**	[ʦ'en ʧaɣar]
licor (m)	**ликёр**	[lɪkʲor]
champanhe (m)	**шампански**	[ʃampanskɪ]
vermute (m)	**вермут**	[wermut]
uísque (m)	**виски**	[wɪskɪ]
vodka (f)	**къаьракъа**	[qʔæraqʔ]
gim (m)	**джин**	[ʤɪn]
conhaque (m)	**коньяк**	[kɔnjak]
rum (m)	**ром**	[rɔm]
café (m)	**къахьо**	[qʔahɔ]
café (m) puro	**ӏаьржа къахьо**	['ærʒ qʔahɔ]
café (m) com leite	**шура тоьхна къахьо**	[ʃur tøhn qʔahɔ]
cappuccino (m)	**гӏаймакх тоьхна къахьо**	[ɣajmaq tøhn qʔahɔ]
café (m) solúvel	**дешаш долу къахьо**	[deʃaʃ dɔlu qʔahɔ]
leite (m)	**шура**	[ʃur]
coquetel (m)	**коктейль**	[kɔktejlj]
batido (m) de leite	**шурин коктейль**	[ʃurɪn kɔktejlj]
sumo (m)	**мутта**	[mutt]
sumo (m) de tomate	**помидорийн мутта**	[pɔmɪdɔrɪ:n mutt]
sumo (m) de laranja	**апельсинан мутта**	[apeljsɪnan mutt]
sumo (m) fresco	**керла йаккха мутта**	[kerl jakq mutt]
cerveja (f)	**йий**	[jɪ:]
cerveja (f) clara	**сирла йий**	[sɪrl jɪ:]
cerveja (f) preta	**ӏаьржа йий**	['ærʒ jɪ:]
chá (m)	**чай**	[ʧaj]
chá (m) preto	**ӏаьржа чай**	['ærʒ ʧaj]
chá (m) verde	**баьццара чай**	[bæʦar ʧaj]

43. Vegetais

legumes (m pl)	**хасстоьмаш**	[hasstømaʃ]
verduras (f pl)	**гӏабуц**	[ɣabuʦ]
tomate (m)	**помидор**	[pɔmɪdɔr]
pepino (m)	**наьрс**	[nærs]
cenoura (f)	**жӏонка**	[ʒ'ɔnk]
batata (f)	**картол**	[kartɔl]
cebola (f)	**хох**	[hoh]
alho (m)	**сaьрмасекх**	[særmaseq]

couve (f)	**копаста**	[kɔpast]
couve-flor (f)	**къорза копаста**	[qʔɔrz kɔpast]
couve-de-bruxelas (f)	**брюссельски копаста**	[brʉsseljskɪ kɔpast]
brócolos (m pl)	**брокколи копаст**	[brɔkkɔlɪ kɔpast]
beterraba (f)	**бурак**	[burak]
beringela (f)	**баклажан**	[baklaʒan]
curgete (f)	**кабачок**	[kabatʃɔk]
abóbora (f)	**гlабакх**	[ɣabaq]
nabo (m)	**хорсам**	[horsam]
salsa (f)	**чам-буц**	[tʃam buts]
funcho, endro (m)	**оччам**	[ɔtʃam]
alface (f)	**салат**	[salat]
aipo (m)	**сельдерей**	[seljderej]
espargo (m)	**спаржа**	[sparʒ]
espinafre (m)	**шпинат**	[ʃpɪnat]
ervilha (f)	**кхоьш**	[qøʃ]
fava (f)	**кхоьш**	[qøʃ]
milho (m)	**хьаьжкlа**	[hæʒk']
feijão (m)	**кхоь**	[qø]
pimentão (m)	**бурч**	[burtʃ]
rabanete (m)	**цlен хорсам**	[ts'en horsam]
alcachofra (f)	**артишок**	[artɪʃɔk]

44. Frutos. Nozes

fruta (f)	**стом**	[stɔm]
maçã (f)	**lаж**	['aʒ]
pera (f)	**кхор**	[qɔr]
limão (m)	**лимон**	[lɪmɔn]
laranja (f)	**апельсин**	[apeljsɪn]
morango (m)	**цlазам**	[ts'azam]
tangerina (f)	**мандарин**	[mandarɪn]
ameixa (f)	**хьач**	[hatʃ]
pêssego (m)	**гlаммагlа**	[ɣammaɣ]
damasco (m)	**туьрк**	[tʉrk]
framboesa (f)	**комар**	[kɔmar]
ananás (m)	**ананас**	[ananas]
banana (f)	**банан**	[banan]
melancia (f)	**хорбаз**	[horbaz]
uva (f)	**кемсаш**	[kemsaʃ]
ginja, cereja (f)	**балл**	[ball]
meloa (f)	**гlабакх**	[ɣabaq]
toranja (f)	**грейпфрут**	[grejpfrut]
abacate (m)	**авокадо**	[avɔkadɔ]
papaia (f)	**папайя**	[papaj]
manga (f)	**манго**	[mangɔ]
romã (f)	**гранат**	[granat]

groselha (f) vermelha	**цlен кхезарш**	[ʦ'en qezarʃ]
groselha (f) preta	**lаьржа кхезарш**	['æɾʒ qezarʃ]
groselha (f) espinhosa	**кlудалгаш**	[k'udalgaʃ]
mirtilo (m)	**lаьржа балл**	['æɾʒ ball]
amora silvestre (f)	**мангалкомар**	[mangalkɔmar]
uvas (f pl) passas	**кишмаш**	[kɪʃmaʃ]
figo (m)	**инжир**	[ɪnʒɪr]
tâmara (f)	**хурма**	[hurm]
amendoim (m)	**орахис**	[ɔrahɪs]
amêndoa (f)	**миндаль**	[mɪndalj]
noz (f)	**бочаблар**	[bɔʧab'ar]
avelã (f)	**хlунан блар**	[h'unan bar]
coco (m)	**кокосови блар**	[kɔkɔsɔwɪ b'ar]
pistáchios (m pl)	**фисташкаш**	[fɪstaʃkaʃ]

45. Pão. Bolaria

pastelaria (f)	**кхачанан хlуманаш**	[qaʧanan h'umanaʃ]
pão (m)	**бепиг**	[bepɪg]
bolacha (f)	**пичени**	[pɪʧenɪ]
chocolate (m)	**шоколад**	[ʃɔkɔlad]
de chocolate	**шоколадан**	[ʃɔkɔladan]
rebuçado (m)	**кемпет**	[kempet]
bolo (cupcake, etc.)	**пирожни**	[pɪrɔʒnɪ]
bolo (m) de aniversário	**торт**	[tɔrt]
tarte (~ de maçã)	**чуда**	[ʧud]
recheio (m)	**чуйоьллинарг**	[ʧujøllɪnarg]
doce (m)	**варени**	[varenɪ]
geleia (f) de frutas	**мармелад**	[marmelad]
waffle (m)	**вафлеш**	[vafleʃ]
gelado (m)	**морожени**	[mɔrɔʒenɪ]

46. Pratos cozinhados

prato (m)	**даар**	[da'ar]
cozinha (~ portuguesa)	**даарш**	[da'arʃ]
receita (f)	**рецепт**	[reʦept]
porção (f)	**порци**	[pɔrʦɪ]
salada (f)	**салат**	[salat]
sopa (f)	**чорпа**	[ʧɔrp]
caldo (m)	**чорпа**	[ʧɔrp]
sandes (f)	**бутерброд**	[buterbrɔd]
ovos (m pl) estrelados	**хlоаш**	[h'ɔ'aʃ]
hambúrguer (m)	**гамбургер**	[gamburger]
bife (m)	**бифштекс**	[bɪfʃteks]

conduto (m)	**гарнир**	[garnɪr]
espaguete (m)	**спагетти**	[spagettɪ]
puré (m) de batata	**картолийн худар**	[kartɔlɪ:n hudar]
pizza (f)	**пицца**	[pɪʦ]
papa (f)	**худар**	[hudar]
omelete (f)	**омлет**	[ɔmlet]
cozido em água	**кхехкийна**	[qehkɪ:n]
fumado	**кхаьгна**	[qægn]
frito	**кхерзина**	[qerzɪn]
seco	**дакъийна**	[daqʔɪ:n]
congelado	**гIорийна**	[ɣɔrɪ:n]
em conserva	**берамала доьллина**	[beramal døllɪn]
doce (açucarado)	**мерза**	[merz]
salgado	**дуьра**	[dʉr]
frio	**шийла**	[ʃɪ:l]
quente	**довха**	[dɔvh]
amargo	**къаьхьа**	[qʔæh]
gostoso	**чоме**	[ʧɔme]
cozinhar (em água a ferver)	**кхехко**	[qehkɔ]
fazer, preparar (vt)	**кечдан**	[keʧdan]
fritar (vt)	**кхарза**	[qarz]
aquecer (vt)	**дохдан**	[dɔhdan]
salgar (vt)	**туьха таса**	[tʉha tas]
apimentar (vt)	**бурч таса**	[burʧ tas]
ralar (vt)	**сатоха**	[satɔh]
casca (f)	**чкъуьйриг**	[ʧqʔʉjrɪg]
descascar (vt)	**цIанъян**	[ʦ'anʔjan]

47. Especiarias

sal (m)	**туьха**	[tʉh]
salgado	**дуьра**	[dʉr]
salgar (vt)	**туьха таса**	[tʉha tas]
pimenta (f) preta	**Iаьржа бурч**	['ærʒ burʧ]
pimenta (f) vermelha	**цIен бурч**	[ʦ'en burʧ]
mostarda (f)	**кIолла**	[k'ɔll]
raiz-forte (f)	**кIон орам**	[k'ɔn ɔram]
condimento (m)	**чамбийриг**	[ʧambɪ:rɪg]
especiaria (f)	**мерза юург**	[merz ju'urg]
molho (m)	**берам**	[beram]
vinagre (m)	**къонза**	[qʔɔnz]
anis (m)	**анис**	[anɪs]
manjericão (m)	**базилик**	[bazɪlɪk]
cravo (m)	**гвоздика**	[gvɔzdɪk]
gengibre (m)	**Iамбар**	['ambar]
coentro (m)	**кориандр**	[kɔrɪandr]
canela (f)	**корица**	[kɔrɪʦ]

sésamo (m)	**кунжут**	[kunʒut]
folhas (f pl) de louro	**лавран гӀа**	[lavran ɣa]
páprica (f)	**паприка**	[paprɪk]
cominho (m)	**циц**	[tsɪts]
açafrão (m)	**шафран**	[ʃafran]

48. Refeições

comida (f)	**даар**	[da'ar]
comer (vt)	**яаа**	[ja'a]
pequeno-almoço (m)	**марта**	[mart]
tomar o pequeno-almoço	**марта даа**	[mart da'a]
almoço (m)	**делкъан кхача**	[delqʔan qatʃ]
almoçar (vi)	**делкъана хӀума яа**	[delqʔan h'um ja'a]
jantar (m)	**пхьор**	[phɔr]
jantar (vi)	**пхьор дан**	[phɔr dan]
apetite (m)	**аппетит**	[appetɪt]
Bom apetite!	**ГӀоза доийла!**	[ɣɔz dɔɪ:l]
abrir (~ uma lata, etc.)	**схьаела**	[shajel]
derramar (vt)	**Ӏано**	['anɔ]
derramar-se (vr)	**Ӏана**	['an]
ferver (vi)	**кхехка**	[qehk]
ferver (vt)	**кхехко**	[qehkɔ]
fervido	**кхехкийна**	[qehkɪ:n]
arrefecer (vt)	**шелдан**	[ʃəldan]
arrefecer-se (vr)	**шелдала**	[ʃəldal]
sabor, gosto (m)	**чам**	[tʃam]
gostinho (m)	**кхин чам**	[qɪn tʃam]
fazer dieta	**аздала**	[azdal]
dieta (f)	**диета**	[dɪet]
vitamina (f)	**втамин**	[vtamɪn]
caloria (f)	**калорий**	[kalɔrɪ:]
vegetariano (m)	**дилхазахо**	[dɪlhazaho]
vegetariano	**дилхаза**	[dɪlhaz]
gorduras (f pl)	**дилхдаьтта**	[dɪlhdætt]
proteínas (f pl)	**кӀайн хӀоа**	[k'ajn h'ɔ'a]
carboidratos (m pl)	**углеводаш**	[uglevɔdaʃ]
fatia (~ de limão, etc.)	**цастар**	[tsastar]
pedaço (~ de bolo)	**юьхк**	[juhk]
migalha (f)	**цуьрг**	[tsʉrg]

49. Por a mesa

colher (f)	**Ӏайг**	['ajg]
faca (f)	**урс**	[urs]

garfo (m)	**мlара**	[m'ɑr]
chávena (f)	**кад**	[kɑd]
prato (m)	**бошхап**	[bɔʃhap]
pires (m)	**бошхап**	[bɔʃhap]
guardanapo (m)	**салфетка**	[sɑlfetk]
palito (m)	**цергахъlуттург**	[ʦergɑhʔəutturg]

50. Restaurante

restaurante (m)	**ресторан**	[restɔrɑn]
café (m)	**кофейни**	[kɔfejnɪ]
bar (m), cervejaria (f)	**бар**	[bɑr]
salão (m) de chá	**чайнан салон**	[ʧɑjnɑn sɑlɔn]
empregado (m) de mesa	**официант**	[ɔfɪʦɪɑnt]
empregada (f) de mesa	**официантка**	[ɔfɪʦɪɑntk]
barman (m)	**бармен**	[bɑrmen]
ementa (f)	**меню**	[menʉ]
lista (f) de vinhos	**чагlаран карта**	[ʧɑɣɑrɑn kɑrt]
reservar uma mesa	**стол цхьанна тlехь чlагlдан**	[stɔl ʦhɑnn t'eh ʧ'ɑɣdɑn]
prato (m)	**даар**	[dɑ'ɑr]
pedir (vt)	**заказ ян**	[zɑkɑz jɑn]
fazer o pedido	**заказ ян**	[zɑkɑz jɑn]
aperitivo (m)	**аперетив**	[ɑperetɪv]
entrada (f)	**тlекхоллург**	[t'eqɔllurg]
sobremesa (f)	**десерт**	[desert]
conta (f)	**счёт**	[sʧʲot]
pagar a conta	**счётан мах бала**	[sʧʲotɑn mɑh bɑl]
dar o troco	**юхадогlург дала**	[juhɑdɔɣurg dɑl]
gorjeta (f)	**чайнна хlума**	[ʧɑjnn h'um]

Família, parentes e amigos

51. Informação pessoal. Formulários

nome (m)	**цlе**	[ʦ'e]
apelido (m)	**фамили**	[famɪlɪ]
data (f) de nascimento	**вина терахь**	[wɪn terah]
local (m) de nascimento	**вина меттиг**	[wɪn mettɪg]
nacionalidade (f)	**къам**	[qʔam]
lugar (m) de residência	**веха меттиг**	[weha mettɪg]
país (m)	**мохк**	[mɔhk]
profissão (f)	**говзалла**	[gɔvzall]
sexo (m)	**стен-боьршалла**	[sten børʃall]
estatura (f)	**локхалла**	[lɔqall]
peso (m)	**дозалла**	[dɔzall]

52. Membros da família. Parentes

mãe (f)	**нана**	[nan]
pai (m)	**да**	[d]
filho (m)	**вol**	[vɔʕ]
filha (f)	**йol**	[joʕ]
filha (f) mais nova	**жимаха йol**	[ʒɪmaha joʕ]
filho (m) mais novo	**жимаха вol**	[ʒɪmaha vɔʕ]
filha (f) mais velha	**йоккхаха йol**	[jokqaha joʕ]
filho (m) mais velho	**воккхаха вol**	[vɔkqaha vɔʕ]
irmão (m)	**ваша**	[vaʃ]
irmã (f)	**йиша**	[jɪʃ]
primo (m)	**шича**	[ʃɪʧ]
prima (f)	**шича**	[ʃɪʧ]
mamã (f)	**нана**	[nan]
papá (m)	**дада**	[dad]
pais (pl)	**да-нана**	[də nan]
criança (f)	**бер**	[ber]
crianças (f pl)	**бераш**	[beraʃ]
avó (f)	**баба**	[bab]
avô (m)	**дада**	[dad]
neto (m)	**кlентан, йolан кlант**	[k'entan], [jo'an k'ant]
neta (f)	**кlентан, йolан йol**	[k'entan], [jo'an joʕ]
netos (pl)	**кlентан, йolан бераш**	[k'entan], [jo'an beraʃ]
tio (m)	**ден ваша, ненан ваша**	[den vaʃ], [nenan vaʃ]
tia (f)	**деца, неца**	[deʦ], [neʦ]

sobrinho (m)	**вешин кlант, йишин кlант**	[weʃɪn k'ant], [jɪʃɪn k'ant]
sobrinha (f)	**вешин йоl, йишин йоl**	[weʃɪn joʕ], [jɪʃɪn joʕ]
sogra (f)	**стуннана**	[stunnan]
sogro (m)	**марда**	[mard]
genro (m)	**нуц**	[nuʦ]
madrasta (f)	**десте**	[deste]
padrasto (m)	**ненан майра**	[nenan majr]
criança (f) de colo	**декхаш долу бер**	[deqaʃ dɔlu ber]
bebé (m)	**бер**	[ber]
menino (m)	**жиманиг**	[ʒɪmanɪg]
mulher (f)	**зуда**	[zud]
marido (m)	**майра**	[majr]
esposo (m)	**майра**	[majr]
esposa (f)	**сесаг**	[sesag]
casado	**зуда ялийна**	[zud jalɪ:n]
casada	**марехь**	[mareh]
solteiro	**зуда ялоза**	[zud jalɔz]
solteirão (m)	**зуда йоцург**	[zud joʦurg]
divorciado	**йитина**	[jɪtɪn]
viúva (f)	**жеро**	[ʒerɔ]
viúvo (m)	**жера-стаг**	[ʒer stag]
parente (m)	**гергара стаг**	[gergar stag]
parente (m) próximo	**юххера гергара стаг**	[juher gergar stag]
parente (m) distante	**генара гергара стаг**	[genar gergar stag]
parentes (m pl)	**гергара нах**	[gergar nah]
órfão (m), órfã (f)	**бо**	[bɔ]
tutor (m)	**верас**	[weras]
adotar (um filho)	**кlантан хlотта**	[k'antan h'ɔtt]
adotar (uma filha)	**йоьlан да хlотта**	[jø'an da h'ɔtt]

53. Amigos. Colegas de trabalho

amigo (m)	**доттаrl**	[dɔttaɣ]
amiga (f)	**доттаrl**	[dɔttaɣ]
amizade (f)	**доттаrlалла**	[dɔttaɣall]
ser amigos	**доттаrlалла лело**	[dɔttaɣall lelɔ]
amigo (m)	**доттаrl**	[dɔttaɣ]
amiga (f)	**доттаrl**	[dɔttaɣ]
parceiro (m)	**декъашхо**	[deqʔaʃho]
chefe (m)	**куьйгалхо**	[kʉjgalho]
superior (m)	**хьаькам**	[hækam]
subordinado (m)	**муьтlахь верг**	[mʉt'ah werg]
colega (m)	**коллега**	[kɔlleg]
conhecido (m)	**вевза стаг**	[wevz stag]
companheiro (m) de viagem	**некъаннакъост**	[neqʔannaqʔɔst]

colega (m) de classe	**классхо**	[klassho]
vizinho (m)	**лулахо**	[lulaho]
vizinha (f)	**лулахо**	[lulaho]
vizinhos (pl)	**лулахой**	[lulahoj]

54. Homem. Mulher

mulher (f)	**зуда**	[zud]
rapariga (f)	**йоl**	[joʕ]
noiva (f)	**нускал**	[nuskal]
bonita	**хаза**	[haz]
alta	**лекха зуда**	[leq zud]
esbelta	**куц долу зуда**	[kuʦ dɔlu zud]
de estatura média	**лохачу дегlахь стаг**	[lɔhaʧu deɣah stag]
loura (f)	**блондинка**	[blɔndɪnk]
morena (f)	**брюнетка**	[brʉnetk]
de senhora	**зударийн**	[zudarɪːn]
virgem (f)	**йоlстаг**	[jo'stag]
grávida	**берахниг**	[berahnɪg]
homem (m)	**боьрша стаг**	[børʃ stag]
louro (m)	**блондин**	[blɔndɪn]
moreno (m)	**брюнет**	[brʉnet]
alto	**лекха**	[leq]
de estatura média	**лохачу дегlахь стаг**	[lɔhaʧu deɣah stag]
rude	**кlоршаме**	[k'ɔrʃame]
atarracado	**воьртала**	[vørtal]
robusto	**чlогlа**	[ʧ'ɔɣ]
forte	**нуьцкъала**	[nʉʦqʔal]
força (f)	**ницкъ**	[nɪʦqʔ]
gordo	**дерстина**	[derstɪn]
moreno	**lаьржачу аматехь**	['ærʒaʧu amateh]
esbelto	**куц долу стаг**	[kuʦ dɔlu stag]
elegante	**оьзда**	[øzd]

55. Idade

idade (f)	**хан**	[han]
juventude (f)	**къоналла**	[qʔɔnall]
jovem	**къона**	[qʔɔn]
mais novo	**жимаха**	[ʒɪmah]
mais velho	**воккхаха**	[vɔkqah]
jovem (m)	**къонаниг**	[qʔɔnanɪg]
adolescente (m)	**кхиазхо**	[qɪazho]
rapaz (m)	**жима стаг**	[ʒɪm stag]

velho (m)	**воккха стаг**	[vɔkq stag]
velhota (f)	**йоккха стаг**	[jokq stag]
adulto	**кхиъна**	[qɪʔn]
de meia-idade	**юккъерчу шеран**	[jukkʔertʃu ʃəran]
idoso, de idade	**хан тӀехтилла**	[han t'ehtɪll]
velho	**къена**	[qʔen]
reforma (f)	**пенси**	[pensɪ]
reformar-se (vr)	**пенси ваха**	[pensɪ vah]
reformado (m)	**пенсионер**	[pensɪɔner]

56. Crianças

criança (f)	**бер**	[ber]
crianças (f pl)	**бераш**	[beraʃ]
gémeos (m pl)	**шала дина бераш**	[ʃal dɪn beraʃ]
berço (m)	**ага**	[ag]
guizo (m)	**экарг**	[ɛkarg]
fralda (f)	**подгузник**	[pɔdguznɪk]
chupeta (f)	**тӀармаla**	[t'armaə]
carrinho (m) de bebé	**гӀудалкх**	[ɣudalq]
jardim (m) de infância	**берийн беш**	[berɪ:n beʃ]
babysitter (f)	**баба**	[bab]
infância (f)	**бералла**	[berall]
boneca (f)	**тайниг**	[tajnɪg]
brinquedo (m)	**ловзо хӀума**	[lɔvzɔ h'um]
jogo (m) de armar	**конструктор**	[kɔnstruktɔr]
bem-educado	**бакъхьара**	[baqʔar]
mal-educado	**оьздангалла йоцу**	[øzdangall jotsu]
mimado	**боча Ӏамийна**	[bɔtʃ 'amɪ:n]
ser travesso	**харцхьара лела**	[hartshar lel]
travesso, traquinas	**вон лела**	[vɔn lel]
travessura (f)	**харцхьаралла**	[hartsharall]
criança (f) travessa	**харцхьарниг**	[hartsharnɪg]
obediente	**ладугӀу**	[laduɣu]
desobediente	**ладугӀуш доцу**	[laduɣuʃ dɔtsu]
dócil	**кхетаме**	[qetame]
inteligente	**хьекъале**	[heqʔale]
menino (m) prodígio	**вундеркинд**	[vunderkɪnd]

57. Casais. Vida de família

beijar (vt)	**барташ даха**	[bartaʃ dah]
beijar-se (vr)	**обанаш баха**	[ɔbanaʃ bah]

família (f)	**доьзал**	[døzal]
familiar	**доьзалан**	[døzalan]
casal (m)	**шиъ**	[ʃɪʔ]
matrimónio (m)	**брак**	[brak]
lar (m)	**цӀийнан кхерч**	[ʦ'ɪːnan qerʧ]
dinastia (f)	**династи**	[dɪnastɪ]
encontro (m)	**вовшехкхетар**	[vɔvʃəhqetar]
beijo (m)	**уба**	[ub]
amor (m)	**безам**	[bezam]
amar (vt)	**деза**	[dez]
amado, querido	**везарг**	[wezarg]
ternura (f)	**кӀеда-мерзалла**	[k'ed merzall]
terno, afetuoso	**кӀеда-мерза**	[k'ed merz]
fidelidade (f)	**тешаме хилар**	[teʃame hɪlar]
fiel	**тешаме**	[teʃame]
cuidado (m)	**гӀайгӀа**	[ɣajɣ]
carinhoso	**гӀайгӀа йолу**	[ɣajɣ jolu]
recém-casados (m pl)	**къона мар-нускал**	[qʔɔn mar nuskal]
lua de mel (f)	**нускалан хан**	[nuskalan han]
casar-se (com um homem)	**маре яха**	[mare jah]
casar-se (com uma mulher)	**зуда яло**	[zud jalɔ]
boda (f)	**ловзар**	[lɔvzar]
bodas (f pl) de ouro	**дашо ловзар**	[daʃɔ lɔvzar]
aniversário (m)	**шо кхачар**	[ʃɔ qaʧar]
amante (m)	**везарг**	[wezarg]
adultério (m)	**ямартло**	[jamartlɔ]
cometer adultério	**ямартло яр**	[jamartlɔ jar]
ciumento	**эмгаралле**	[ɛmgaralle]
ser ciumento	**эмгаралла дан**	[ɛmgarall dan]
divórcio (m)	**дӀасакъастар**	[d'asaqʔastar]
divorciar-se (vr)	**дӀасакъаста**	[d'asaqʔast]
brigar (discutir)	**эгӀар**	[ɛɣar]
fazer as pazes	**тан**	[tan]
juntos	**цхьана**	[ʦhan]
sexo (m)	**секс**	[seks]
felicidade (f)	**ирс**	[ɪrs]
feliz	**ирсе**	[ɪrse]
infelicidade (f)	**ирс цахилар**	[ɪrs ʦahɪlar]
infeliz	**ирс доцу**	[ɪrs dɔʦu]

Caráter. Sentimentos. Emoções

58. Sentimentos. Emoções

sentimento (m)	**синхаам**	[sɪnhɑ'ɑm]
sentimentos (m pl)	**синхаамаш**	[sɪnhɑ'ɑmɑʃ]
sentir (vt)	**хаадала**	[hɑ'ɑdɑl]
fome (f)	**мацалла**	[mɑʦɑll]
ter fome	**хӀума яаа лаа**	[h'um jɑ'ɑ lɑ'ɑ]
sede (f)	**хьогалла**	[hɔgɑll]
ter sede	**мала лаа**	[mɑl lɑ'ɑ]
sonolência (f)	**наб яр**	[nɑb jɑr]
estar sonolento	**наб ян лаа**	[nɑb jɑn lɑ'ɑ]
cansaço (m)	**гӀелдалар**	[ɣeldɑlɑr]
cansado	**гӀелделла**	[ɣeldell]
ficar cansado	**гӀелдала**	[ɣeldɑl]
humor (m)	**дог-ойла**	[dɔg ɔjl]
tédio (m)	**сахьийзар**	[sɑhɪ:zɑr]
aborrecer-se (vr)	**сагатдала**	[sɑgɑtdɑl]
isolamento (m)	**ша къастар**	[ʃ qʔɑstɑr]
isolar-se	**ша къаста**	[ʃ qʔɑst]
preocupar (vt)	**сагатдан**	[sɑgɑtdɑn]
preocupar-se (vr)	**сагатдан**	[sɑgɑtdɑn]
preocupação (f)	**сагатдар**	[sɑgɑtdɑr]
ansiedade (f)	**сагатдар**	[sɑgɑtdɑr]
preocupado	**гӀайгӀане**	[ɣɑjɣɑne]
estar nervoso	**дог этӀа**	[dɔg ɛt']
entrar em pânico	**доха**	[dɔh]
esperança (f)	**сатуьйсийла**	[sɑtʉjsɪ:l]
esperar (vt)	**догдаха**	[dɔgdɑh]
certeza (f)	**тешна хилар**	[teʃn hɪlɑr]
certo	**тешна**	[teʃn]
indecisão (f)	**тешна цахилар**	[teʃn ʦɑhɪlɑr]
indeciso	**тешна доцу**	[teʃn dɔʦu]
ébrio, bêbado	**вехна**	[wehn]
sóbrio	**дахазниг**	[dɑhɑznɪg]
fraco	**гӀийла**	[ɣɪ:l]
feliz	**ирсе**	[ɪrse]
assustar (vt)	**кхеро**	[qerɔ]
fúria (f)	**хьерадалар**	[herɑdɑlɑr]
ira, raiva (f)	**луьралла**	[lʉrɑll]
depressão (f)	**депресси**	[depressɪ]
desconforto (m)	**дискомфорт**	[dɪskɔmfɔrt]

conforto (m)	**комфорт**	[kɔmfɔrt]
arrepender-se (vr)	**дагахьбаллам хила**	[dagahballam hɪl]
arrependimento (m)	**дагахьбаллам**	[dagahballam]
azar (m), má sorte (f)	**аьтто боцуш хилар**	[ættɔ bɔʦuʃ hɪlar]
tristeza (f)	**халахетар**	[halahetar]
vergonha (f)	**эхь**	[ɛh]
alegria (f)	**синкъерам**	[sɪnqʔeram]
entusiasmo (m)	**энтузиазм**	[ɛntuzɪazm]
entusiasta (m)	**энтузиаст**	[ɛntuzɪast]
mostrar entusiasmo	**энтузиазм гучаяккха**	[ɛntuzɪazm guʧajakq]

59. Caráter. Personalidade

caráter (m)	**амал**	[amal]
falha (f) de caráter	**эшар**	[ɛʃar]
mente (f), razão (f)	**хьекъал**	[heqʔal]
consciência (f)	**эхь-бехк**	[ɛh behk]
hábito (m)	**марзделларг**	[marzdellarg]
habilidade (f)	**хьунар хилар**	[hunar hɪlar]
saber (~ nadar, etc.)	**хаа**	[ha'a]
paciente	**собаре**	[sɔbare]
impaciente	**собар доцу**	[sɔbar dɔʦu]
curioso	**хаа гlерта**	[ha'a ɣert]
curiosidade (f)	**хаа гlертар**	[ha'a ɣertar]
modéstia (f)	**эсалалла**	[ɛsalall]
modesto	**эсала**	[ɛsal]
imodesto	**оьзда доцу**	[øzd dɔʦu]
preguiça (f)	**мало**	[malɔ]
preguiçoso	**мела**	[mel]
preguiçoso (m)	**малонча**	[malɔnʧ]
astúcia (f)	**хlилла**	[h'ɪll]
astuto	**хlиллане**	[h'ɪllane]
desconfiança (f)	**цатешам**	[ʦateʃam]
desconfiado	**тешамза**	[teʃamz]
generosidade (f)	**комаьршалла**	[kɔmærʃall]
generoso	**комаьрша**	[kɔmærʃ]
talentoso	**похlме**	[pɔh'me]
talento (m)	**похlма**	[pɔh'm]
corajoso	**майра**	[majr]
coragem (f)	**майралла**	[majrall]
honesto	**дог цlена**	[dɔg ʦ'en]
honestidade (f)	**дог цlеналла**	[dɔg ʦ'enall]
prudente	**ларлуш долу**	[larluʃ dɔlu]
valente	**майра**	[majr]
sério	**ладаме**	[ladame]

severo	**къовламе**	[qʔɔvlame]
decidido	**хадам боллуш**	[hadam bɔlluʃ]
indeciso	**ирке**	[ɪrke]
tímido	**стешха**	[steʃh]
timidez (f)	**стешхалла**	[steʃhall]
confiança (f)	**тешам**	[teʃam]
confiar (vt)	**теша**	[teʃ]
crédulo	**тешаш долу**	[teʃaʃ dɔlu]
sinceramente	**даггара**	[daggar]
sincero	**даггара**	[daggar]
sinceridade (f)	**догцIеналла**	[dɔgʦ'enall]
aberto	**дуьххьал дIа**	[dʉhal d'a]
calmo	**тийна**	[tɪ:n]
franco	**дог цIена**	[dɔg ʦ'en]
ingénuo	**дог диллина стаг**	[dɔg dɪllɪn stag]
distraído	**тидаме доцу**	[tɪdame dɔʦu]
engraçado	**беламе**	[belame]
ganância (f)	**сутаралла**	[sutarall]
ganancioso	**сутара**	[sutar]
avarento	**бIаьрмециган**	[b'ærmeʦɪgan]
mau	**вон**	[vɔn]
teimoso	**духахьара**	[duhahar]
desagradável	**там боцу**	[tam bɔʦu]
egoísta (m)	**эгоист**	[ɛgɔɪst]
egoísta	**эгоизме**	[ɛgɔɪzme]
cobarde (m)	**стешха стаг**	[steʃha stag]
cobarde	**осала**	[ɔsal]

60. O sono. Sonhos

dormir (vi)	**наб ян**	[nab jan]
sono (m)	**наб**	[nab]
sonho (m)	**гIан**	[ɣan]
sonhar (vi)	**гIенаш ган**	[ɣenaʃ gan]
sonolento	**набаран**	[nabaran]
cama (f)	**маьнга**	[mæng]
colchão (m)	**гоь**	[gø]
cobertor (m)	**юргIа**	[jurɣ]
almofada (f)	**гIайба**	[ɣajb]
lençol (m)	**шаршу**	[ʃarʃu]
insónia (f)	**наб цакхетар**	[nab ʦaqetar]
insone	**наб йоцу**	[nab jɔʦu]
sonífero (m)	**наб йойту молханаш**	[nab jɔjtu mɔlhanaʃ]
tomar um sonífero	**наб йойту молханаш мала**	[nab jɔjtu mɔlhanaʃ mal]
estar sonolento	**наб ян лаа**	[nab jan la'a]
bocejar (vi)	**бага гIетто**	[bag ɣettɔ]

ir para a cama	**наб я ваха**	[nab ja vah]
fazer a cama	**мотт билла**	[mɔtt bɪll]
adormecer (vi)	**наб кхета**	[nab qet]
pesadelo (m)	**Іаламат**	['alamat]
ronco (m)	**хар**	[har]
roncar (vi)	**хур-тІур дан**	[hur t'ur dan]
despertador (m)	**сомавоккху сахьт**	[sɔmavɔkqu saht]
acordar, despertar (vt)	**самадаккха**	[samadakq]
acordar (vi)	**самадала**	[samadal]
levantar-se (vr)	**хьалагІатта**	[halaɣatt]
lavar-se (vr)	**дІадиладала**	[d'adɪladal]

61. Humor. Riso. Alegria

humor (m)	**белам**	[belam]
sentido (m) de humor	**синхаам**	[sɪnha'am]
divertir-se (vr)	**сакъера**	[saqʔer]
alegre	**самукъане**	[samuqʔane]
alegria (f)	**сакъерар**	[saqʔerar]
sorriso (m)	**делакъажар**	[delaqʔaʒar]
sorrir (vi)	**дела къежа**	[del qʔeʒ]
começar a rir	**деладала**	[deladal]
rir (vi)	**дела**	[del]
riso (m)	**белам**	[belam]
anedota (f)	**анекдот**	[anekdɔt]
engraçado	**беламе**	[belame]
ridículo	**беламе**	[belame]
brincar, fazer piadas	**забарш ян**	[zabarʃ jan]
piada (f)	**забар**	[zabar]
alegria (f)	**хазахетар**	[hazahetar]
regozijar-se (vr)	**хазахета**	[hazahet]
alegre	**хазахоьтуьйту**	[hazahøtʉjtu]

62. Discussão, conversação. Parte 1

comunicação (f)	**тІекере**	[t'ekere]
comunicar-se (vr)	**тІекере хила**	[t'ekere hɪl]
conversa (f)	**къамел**	[qʔamel]
diálogo (m)	**диалог**	[dɪalɔg]
discussão (f)	**дискусси**	[dɪskussɪ]
debate (m)	**къовсам**	[qʔɔvsam]
debater (vt)	**къийса**	[qʔɪ:s]
interlocutor (m)	**къамелхо**	[qʔamelho]
tema (m)	**тема**	[tem]
ponto (m) de vista	**хетарг**	[hetarg]

opinião (f)	**хетарг**	[hetarg]
discurso (m)	**мотт**	[mɔtt]
discussão (f)	**дийцаре диллар**	[dɪ:ʦare dɪllar]
discutir (vt)	**дийцаре дилла**	[dɪ:ʦare dɪll]
conversa (f)	**къамел**	[qʔamel]
conversar (vi)	**къамел дан**	[qʔamel dan]
encontro (m)	**дуьхьалдахар**	[dʉhaldahar]
encontrar-se (vr)	**вовшахкхета**	[vɔvʃahqet]
provérbio (m)	**кица**	[kɪʦ]
ditado (m)	**кица**	[kɪʦ]
adivinha (f)	**хIетал-метал**	[h'etal metal]
dizer uma adivinha	**хIетал-метал ала**	[h'etal metal al]
senha (f)	**пароль**	[parɔlj]
segredo (m)	**хьулам**	[hulam]
juramento (m)	**дуй**	[duj]
jurar (vi)	**дуй баа**	[duj ba'a]
promessa (f)	**ваIда**	[va'd]
prometer (vt)	**ваIда дан**	[va'd dan]
conselho (m)	**хьехам**	[heham]
aconselhar (vt)	**хьехам бан**	[heham ban]
escutar (~ os conselhos)	**ладогIа**	[ladɔɣ]
novidade, notícia (f)	**керланиг**	[kerlanɪg]
sensação (f)	**сенсаци**	[sensaʦɪ]
informação (f)	**хабар**	[habar]
conclusão (f)	**жамI**	[ʒam']
voz (f)	**аз**	[az]
elogio (m)	**тамехь дош**	[tameh dɔʃ]
amável	**безаме**	[bezame]
palavra (f)	**дош**	[dɔʃ]
frase (f)	**фраза**	[fraz]
resposta (f)	**жоп**	[ʒɔp]
verdade (f)	**бакъдерг**	[baqʔderg]
mentira (f)	**аьшпаш**	[æʃpaʃ]
pensamento (m)	**ойла**	[ɔjl]
ideia (f)	**ойла**	[ɔjl]
fantasia (f)	**дагадар**	[dagadar]

63. Discussão, conversação. Parte 2

estimado	**лоруш долу**	[lɔruʃ dɔlu]
respeitar (vt)	**лара**	[lar]
respeito (m)	**ларам**	[laram]
Estimado ..., Caro ...	**хьомсара**	[hɔmsar]
apresentar (vt)	**довзо**	[dɔvzɔ]
intenção (f)	**дагахь хилар**	[dagah hɪlar]

tencionar (vt)	**ойла хилар**	[ɔjl hɪlar]
desejo (m)	**алар**	[alar]
desejar (ex. ~ boa sorte)	**ала**	[al]
surpresa (f)	**цецдалар**	[tsetsdalar]
surpreender (vt)	**цецдаккха**	[tsetsdakq]
surpreender-se (vr)	**цецдала**	[tsetsdal]
dar (vt)	**дала**	[dal]
pegar (tomar)	**схьаэца**	[shaets]
devolver (vt)	**юхадерзо**	[juhaderzɔ]
retornar (vt)	**юхадала**	[juhadal]
desculpar-se (vr)	**бехк цабиллар деха**	[behk tsabɪllar deh]
desculpa (f)	**бехк цабиллар**	[behk tsabɪllar]
perdoar (vt)	**геч дан**	[getʃ dan]
falar (vi)	**къамел дан**	[qʔamel dan]
escutar (vt)	**ладогӀа**	[ladɔɣ]
ouvir até o fim	**ладогӀа**	[ladɔɣ]
compreender (vt)	**кхета**	[qet]
mostrar (vt)	**гайта**	[gajt]
olhar para …	**хьежа**	[heʒ]
chamar (dizer em voz alta o nome)	**кхайкха**	[qajq]
perturbar (vt)	**новкъарло ян**	[nɔvqʔarlɔ jan]
entregar (~ em mãos)	**дӀадала**	[d'adal]
pedido (m)	**дехар**	[dehar]
pedir (ex. ~ ajuda)	**деха**	[deh]
exigência (f)	**тӀедожор**	[t'edɔʒɔr]
exigir (vt)	**тӀедожо**	[t'edɔʒɔ]
chamar nomes (vt)	**хичаш ян**	[hɪtʃaʃ jan]
zombar (vt)	**дела**	[del]
zombaria (f)	**кхардам**	[qardam]
alcunha (f)	**харц цӀе**	[harts ts'e]
insinuação (f)	**къадор**	[qʔadɔr]
insinuar (vt)	**къедо**	[qʔedɔ]
subentender (vt)	**дагахь хила**	[dagah hɪl]
descrição (f)	**сурт хӀоттор**	[surt h'ɔttɔr]
descrever (vt)	**сурт хӀотто**	[surt h'ɔttɔ]
elogio (m)	**хастам**	[hastam]
elogiar (vt)	**хесто**	[hestɔ]
desapontamento (m)	**безам балар**	[bezam balar]
desapontar (vt)	**безам байа**	[bezam baj]
desapontar-se (vr)	**безам бан**	[bezam ban]
suposição (f)	**моттар**	[mɔttar]
supor (vt)	**мотта**	[mɔtt]
advertência (f)	**лардар**	[lardar]
advertir (vt)	**лардан**	[lardan]

64. Discussão, conversação. Parte 3

convencer (vt)	**бертадало**	[bertadalɔ]
acalmar (vt)	**дог тедан**	[dɔg tedan]
silêncio (o ~ é de ouro)	**вистцахилар**	[wɪsʦsahɪlar]
ficar em silêncio	**къамел ца дан**	[qʔamel ʦ dan]
sussurrar (vt)	**шабар-шибар дан**	[ʃabar ʃɪbar dan]
sussurro (m)	**шабар-шибар**	[ʃabar ʃɪbar]
francamente	**дог цlена**	[dɔg ʦ'en]
a meu ver ...	**суна хетарехь**	[sun hetareh]
detalhe (~ da história)	**ма-дарра хилар**	[ma darra hɪlar]
detalhado	**ма-дарра**	[ma darr]
detalhadamente	**ма-дарра**	[ma darr]
dica (f)	**дlаалар**	[d'a'alar]
dar uma dica	**дlаала**	[d'a'al]
olhar (m)	**бlаьрахьажар**	[b'ærahaʒar]
dar uma vista de olhos	**хьажа**	[haʒ]
fixo (olhar ~)	**хийцалуш йоцу**	[hɪ:ʦaluʃ joʦu]
piscar (vi)	**бlаьргаш детта**	[b'ærgaʃ dett]
pestanejar (vt)	**бlаьрг таlо**	[b'ærg ta'ɔ]
acenar (com a cabeça)	**корта таlо**	[kɔrt ta'ɔ]
suspiro (m)	**садаккхар**	[sadakqar]
suspirar (vi)	**са даккха**	[sa dakq]
estremecer (vi)	**тохадала**	[tɔhadal]
gesto (m)	**ишар ян**	[ɪʃar jan]
tocar (com as mãos)	**дlахьакхадала**	[d'ahaqadal]
agarrar (~ pelo braço)	**леца**	[leʦ]
bater de leve	**детта**	[dett]
Cuidado!	**Ларло!**	[larlɔ]
A sério?	**Баккъалла?**	[bakqʔall]
Tem certeza?	**Тешна вуй хьо?**	[teʃn vuj hɔ]
Boa sorte!	**Аьтто хуьлда!**	[ættɔ hʉld]
Compreendi!	**Кхета!**	[qet]
Que pena!	**Халахета!**	[halahet]

65. Acordo. Recusa

consentimento (~ mútuo)	**резахилар**	[rezahɪlar]
consentir (vi)	**реза хила**	[rez hɪl]
aprovação (f)	**магор**	[magɔr]
aprovar (vt)	**маго**	[magɔ]
recusa (f)	**цадалар**	[ʦadalar]
negar-se (vt)	**дуьхьал хила**	[dʉhal hɪl]
Está ótimo!	**Чlогlа дика ду!**	[ʧ'ɔɣ dɪk du]
Muito bem!	**Дика ду!**	[dɪk du]

Está bem! De acordo!	**Мегар ду!**	[megɑr du]
proibido	**цамагийна**	[ʦɑmɑgɪ:n]
é proibido	**ца мега**	[ʦɑ meg]
é impossível	**хила йиш яц**	[hɪl jɪʃ jɑʦ]
incorreto	**нийса доцу**	[nɪ:s dɔʦu]
rejeitar (~ um pedido)	**юхатоха**	[juhatɔh]
apoiar (vt)	**тlетан**	[t'etɑn]
aceitar (desculpas, etc.)	**тlеэца**	[t'eɛʦ]
confirmar (vt)	**чlагlдан**	[ʧ'ɑɣdɑn]
confirmação (f)	**чlагlдар**	[ʧ'ɑɣdɑr]
permissão (f)	**пурба**	[purb]
permitir (vt)	**магийта**	[mɑgɪ:t]
decisão (f)	**сацам бар**	[sɑʦɑm bɑr]
não dizer nada	**дист ца хила**	[dɪst ʦɑ hɪl]
condição (com uma ~)	**диллар**	[dɪllɑr]
pretexto (m)	**бахьана**	[bɑhɑn]
elogio (m)	**хастам**	[hastɑm]
elogiar (vt)	**хестадан**	[hestɑdɑn]

66. Sucesso. Boa sorte. Insucesso

êxito, sucesso (m)	**кхиам**	[qɪɑm]
com êxito	**кхиаме**	[qɪɑme]
bem sucedido	**кхиам болу**	[qɪɑm bɔlu]
sorte (fortuna)	**аьтто**	[ættɔ]
Boa sorte!	**Аьтто хуьлда!**	[ættɔ hʉld]
de sorte	**аьтто болу**	[ættɔ bɔlu]
sortudo, felizardo	**аьтто болу**	[ættɔ bɔlu]
fracasso (m)	**бохам**	[bɔham]
pouca sorte (f)	**аьтто ца хилар**	[ættɔ ʦə hɪlɑr]
azar (m), má sorte (f)	**аьтто боцуш хилар**	[ættɔ bɔʦuʃ hɪlɑr]
mal sucedido	**ца даьлла**	[ʦɑ dæll]
catástrofe (f)	**ирча бохам**	[ɪrʧ bɔham]
orgulho (m)	**дозалла**	[dɔzɑll]
orgulhoso	**кура**	[kur]
estar orgulhoso	**дозалла дан**	[dɔzɑll dɑn]
vencedor (m)	**толамхо**	[tɔlɑmho]
vencer (vi)	**тола**	[tɔl]
perder (vt)	**эша**	[ɛʃ]
tentativa (f)	**гlортар**	[ɣɔrtɑr]
tentar (vt)	**гlорта**	[ɣɔrt]
chance (m)	**хьал**	[hɑl]

67. Conflitos. Emoções negativas

grito (m)	**мохь**	[mɔh]
gritar (vi)	**мохь бетта**	[mɔh bett]

começar a gritar	**мохь тоха**	[mɔh tɔh']
discussão (f)	**дов**	[dɔv]
discutir (vt)	**эгӀар**	[ɛɣar]
escândalo (m)	**дов**	[dɔv]
criar escândalo	**девнаш даха**	[devnaʃ dah]
conflito (m)	**конфликт**	[kɔnflɪkt]
mal-entendido (m)	**цакхетар**	[ʦaqetar]
insulto (m)	**сийсаздаккхар**	[sɪ:sazdakqar]
insultar (vt)	**сий дайа**	[sɪ: daj]
insultado	**юьхьӀаьржа хӀоттина**	[juh'əæɾʒ h'ɔttɪn]
ofensa (f)	**халахетар**	[halahetar]
ofender (vt)	**халахетар дан**	[halahetar dan]
ofender-se (vr)	**халахета**	[halahet]
indignação (f)	**эргӀаддахар**	[ɛrɣaddahar]
indignar-se (vr)	**эргӀаддала**	[ɛrɣaddal]
queixa (f)	**латкъам**	[latqʔam]
queixar-se (vr)	**латкъа**	[latqʔ]
desculpa (f)	**бехк цабиллар**	[behk ʦabɪllar]
desculpar-se (vr)	**бехк цабиллар деха**	[behk ʦabɪllar deh]
pedir perdão	**бехк цабиллар деха**	[behk ʦabɪllar deh]
crítica (f)	**критика**	[krɪtɪk]
criticar (vt)	**критиковать дан**	[krɪtɪkɔvatʲ dan]
acusação (f)	**бехкедар**	[behkedar]
acusar (vt)	**бехкедан**	[behkedan]
vingança (f)	**чӀир**	[ʧ'ɪr]
vingar (vt)	**чӀир леха**	[ʧ'ɪr leh]
vingar-se (vr)	**дӀадекъа**	[d'adeqʔ]
desprezo (m)	**цадашар**	[ʦadaʃar]
desprezar (vt)	**ца даша**	[ʦa daʃ]
ódio (m)	**цабезам**	[ʦabezam]
odiar (vt)	**ца деза**	[ʦa dez]
nervoso	**нервийн**	[nervɪ:n]
estar nervoso	**дог этӀа**	[dɔg ɛt']
zangado	**оьгӀазе**	[øɣaze]
zangar (vt)	**оьгӀаздахийта**	[øɣazdahɪ:t]
humilhação (f)	**кӀезиг хетар**	[k'ezɪg hetar]
humilhar (vt)	**кӀезиг хета**	[k'ezɪg het]
humilhar-se (vr)	**кӀезиг хила**	[k'ezɪg hɪl]
choque (m)	**шовкъ**	[ʃɔvqʔ]
chocar (vt)	**юьхьӀаьржахӀотто**	[juh'æɾʒah'ɔttɔ]
aborrecimento (m)	**цатам**	[ʦatam]
desagradável	**там боцу**	[tam bɔʦu]
medo (m)	**кхерам**	[qeram]
terrível (tempestade, etc.)	**Ӏаламат чӀогӀа**	['alamat ʧ'ɔɣ]
assustador (ex. história ~a)	**инзаре**	[ɪnzare]

horror (m)	**Iадор**	['adɔr]
horrível (crime, etc.)	**къемате**	[qʔemate]
chorar (vi)	**делха**	[delh]
começar a chorar	**делха**	[delh]
lágrima (f)	**бlаьрхи**	[b'ærhɪ]
falta (f)	**бехк**	[behk]
culpa (f)	**бехк**	[behk]
desonra (f)	**эхь**	[ɛh]
protesto (m)	**дуьхьалхилар**	[dʉhalhɪlar]
stresse (m)	**стресс**	[stress]
perturbar (vt)	**новкъарло ян**	[nɔvqʔarlɔ jan]
zangar-se com …	**оьгlазъэха**	[øɣazʔɛh]
zangado	**вон**	[vɔn]
terminar (vt)	**дlасацо**	[d'asatsɔ]
praguejar	**дов дан**	[dɔv dan]
assustar-se	**тила**	[tɪl]
golpear (vt)	**тоха**	[tɔh]
brigar (na rua, etc.)	**лета**	[let]
resolver (o conflito)	**дlадерзо**	[d'aderzɔ]
descontente	**реза доцу**	[rez dɔtsu]
furioso	**буьрса**	[bʉrs]
Não está bem!	**Хlара дика дац!**	[h'ar dɪk dats]
É mau!	**Хlара вон ду!**	[h'ar vɔn du]

Medicina

68. Doenças

doença (f)	**лазар**	[lazar]
estar doente	**цомгуш хила**	[ʦɔmguʃ hɪl]
saúde (f)	**могушалла**	[mɔguʃall]
nariz (m) a escorrer	**шелвалар**	[ʃəlvalar]
amigdalite (f)	**ангина**	[angɪn]
constipação (f)	**шелдалар**	[ʃəldalar]
constipar-se (vr)	**шелдала**	[ʃəldal]
bronquite (f)	**бронхит**	[brɔnhɪt]
pneumonia (f)	**пехашна хьу кхетар**	[pehaʃn hu qetar]
gripe (f)	**грипп**	[grɪpp]
míope	**бIорзагал**	[b'ɔrzagal]
presbita	**генара гун**	[genar gun]
estrabismo (m)	**бIаrIара хилар**	[b'aɣar hɪlar]
estrábico	**бIаrIара**	[b'aɣar]
catarata (f)	**бIаьрган марха**	[b'ærgan marh]
glaucoma (m)	**глаукома**	[glaukɔm]
AVC (m), apoplexia (f)	**инсульт**	[ɪnsuljt]
ataque (m) cardíaco	**дог датIар**	[dɔg dat'ar]
enfarte (m) do miocárdio	**миокардан инфаркт**	[mɪɔkardan ɪnfarkt]
paralisia (f)	**энаш лацар**	[ɛnaʃ laʦar]
paralisar (vt)	**энаша лаца**	[ɛnaʃ laʦ]
alergia (f)	**аллергий**	[allergɪ:]
asma (f)	**астма**	[astm]
diabetes (f)	**диабет**	[dɪabet]
dor (f) de dentes	**цергийн лазар**	[ʦergɪ:n lazar]
cárie (f)	**кариес**	[karɪes]
diarreia (f)	**диарея**	[dɪarej]
prisão (f) de ventre	**чо юкъялар**	[ʧɔ juqʔjalar]
desarranjo (m) intestinal	**чохьлазар**	[ʧɔhlazar]
intoxicação (f) alimentar	**отравлени**	[ɔtravlenɪ]
intoxicar-se	**кхачанан отравлени**	[qaʧanan ɔtravlenɪ]
artrite (f)	**артрит**	[artrɪt]
raquitismo (m)	**рахит-цамгар**	[rahɪt ʦamgar]
reumatismo (m)	**энаш**	[ɛnaʃ]
arteriosclerose (f)	**атеросклероз**	[aterɔsklerɔz]
gastrite (f)	**гастрит**	[gastrɪt]
apendicite (f)	**сов йоьхь дестар**	[sɔv jøh destar]

colecistite (f)	**холецистит**	[holetsɪstɪt]
úlcera (f)	**даl**	[daʕ]
sarampo (m)	**кхартанаш**	[qartanaʃ]
rubéola (f)	**хьара**	[har]
iterícia (f)	**маждар**	[maʒdar]
hepatite (f)	**гепатит**	[gepatɪt]
esquizofrenia (f)	**шизофрени**	[ʃɪzɔfrenɪ]
raiva (f)	**хьарадалар**	[haradalar]
neurose (f)	**невроз**	[nevrɔz]
comoção (f) cerebral	**хье лазор**	[he lazɔr]
cancro (m)	**даl**	[daʕ]
esclerose (f)	**склероз**	[sklerɔz]
esclerose (f) múltipla	**тидаме доцу**	[tɪdame dɔtsu]
alcoolismo (m)	**алкоголан цамгар**	[alkɔgɔlan tsamgar]
alcoólico (m)	**алкоголхо**	[alkɔgɔlho]
sífilis (f)	**чlурамцамгар**	[tʃʕuramtsamgar]
SIDA (f)	**СПИД**	[spɪd]
tumor (m)	**дестар**	[destar]
maligno	**кхераме**	[qerame]
benigno	**зуламе доцу**	[zulame dɔtsu]
febre (f)	**хорша**	[horʃ]
malária (f)	**хорша**	[horʃ]
gangrena (f)	**гангрена**	[gangren]
enjoo (m)	**хlорд хьахар**	[h'ɔrd hahar]
epilepsia (f)	**эпилепси**	[ɛpɪlepsɪ]
epidemia (f)	**ун**	[un]
tifo (m)	**тиф**	[tɪf]
tuberculose (f)	**йовхарийн цамгар**	[jovharɪ:n tsamgar]
cólera (f)	**чоьнан ун**	[tʃønan un]
peste (f)	**lаьржа ун**	['ærʒ un]

69. Sintomas. Tratamentos. Parte 1

sintoma (m)	**билгало**	[bɪlgalɔ]
temperatura (f)	**температура**	[temperatur]
febre (f)	**лекха температур**	[leq temperatur]
pulso (m)	**синпха**	[sɪnph]
vertigem (f)	**корта хьовзар**	[kɔrt hɔvzar]
quente (testa, etc.)	**довха**	[dɔvh]
calafrio (m)	**шелона дегадар**	[ʃəlɔn degadar]
pálido	**беда**	[bed]
tosse (f)	**йовхарш**	[jovharʃ]
tossir (vi)	**йовхарш етта**	[jovharʃ ett]
espirrar (vi)	**хьоршамаш детта**	[hɔrʃamaʃ dett]
desmaio (m)	**дог вон хилар**	[dɔg vɔn hɪlar]

desmaiar (vi)	**дог кlадделла охьавожа**	[dɔg k'addell ɔhavɔʒ]
nódoa (f) negra	**lарждарг**	['arʒdarg]
galo (m)	**бlара**	[b'ar]
magoar-se (vr)	**дlакхета**	[d'aqet]
pisadura (f)	**дlатохар**	[d'atɔhar]
aleijar-se (vr)	**дlакхета**	[d'aqet]
coxear (vi)	**астагlлелха**	['astaɣlelh]
deslocação (f)	**чуьрдаккхар**	[ʧʉrdakqar]
deslocar (vt)	**чуьрдаккхар**	[ʧʉrdakqar]
fratura (f)	**кагдалар**	[kagdalar]
fraturar (vt)	**кагдар**	[kagdar]
corte (m)	**хадор**	[hadɔr]
cortar-se (vr)	**хада**	[had]
hemorragia (f)	**цlий эхар**	[ʦ'ɪ: ɛhar]
queimadura (f)	**дагор**	[dagɔr]
queimar-se (vr)	**даго**	[dagɔ]
picar (vt)	**lотта**	['ɔtt]
picar-se (vr)	**lоттадала**	['ɔttadal]
lesionar (vt)	**лазо**	[lazɔ]
lesão (m)	**лазор**	[lazɔr]
ferida (f), ferimento (m)	**чов**	[ʧɔv]
trauma (m)	**лазор**	[lazɔr]
delirar (vi)	**харц лен**	[harʦ len]
gaguejar (vi)	**толкха лен**	[tɔlq len]
insolação (f)	**малх хьахар**	[malh hahar]

70. Sintomas. Tratamentos. Parte 2

dor (f)	**лазар**	[lazar]
farpa (no dedo)	**сирхат**	[sɪrhat]
suor (m)	**хьацар**	[haʦar]
suar (vi)	**хьацар дала**	[haʦar dal]
vómito (m)	**lеттор**	['ettɔr]
convulsões (f pl)	**пхенаш озор**	[phenaʃ ɔzɔr]
grávida	**берахниг**	[berahnɪg]
nascer (vi)	**хила**	[hɪl]
parto (m)	**бер хилар**	[ber hɪlar]
dar à luz	**бер дар**	[ber dar]
aborto (m)	**аборт**	[abɔrt]
respiração (f)	**са дахар**	[sa dahar]
inspiração (f)	**са чуозар**	[sa ʧuɔzar]
expiração (f)	**са арахецар**	[sa araheʦar]
expirar (vi)	**са арахеца**	[sa araheʦ]
inspirar (vi)	**са чуоза**	[sa ʧuɔz]
inválido (m)	**заьlапхо**	[zæ'apho]
aleijado (m)	**заьlапхо**	[zæ'apho]

toxicodependente (m)	**наркоман**	[narkɔman]
surdo	**къора**	[qʔɔr]
mudo	**мотт ца хуург**	[mɔtt ʦa hu'urg]
surdo-mudo	**мотт ца хуург**	[mɔtt ʦa hu'urg]
louco (adj.)	**хьерадьалла**	[heradʲall]
louco (m)	**хьеравальларг**	[heravællarg]
louca (f)	**хьерайалларг**	[herajallarg]
ficar louco	**хьервалар**	[hervalar]
gene (m)	**ген**	[gen]
imunidade (f)	**иммунитет**	[ɪmmunɪtet]
congénito	**вешшехь хилла**	[weʃəh hɪll]
vírus (m)	**вирус**	[wɪrus]
micróbio (m)	**микроб**	[mɪkrɔb]
bactéria (f)	**бактери**	[bakterɪ]
infeção (f)	**инфекци**	[ɪnfekʦɪ]

71. Sintomas. Tratamentos. Parte 3

hospital (m)	**больница**	[bɔljnɪʦ]
paciente (m)	**пациент**	[paʦɪent]
diagnóstico (m)	**диагноз**	[dɪagnɔz]
cura (f)	**дарбанаш лелор**	[darbanaʃ lelɔr]
tratamento (m) médico	**дарба лелор**	[darb lelɔr]
curar-se (vr)	**дарбанаш лелор**	[darbanaʃ lelɔr]
tratar (vt)	**дарба лело**	[darb lelɔ]
cuidar (pessoa)	**лело**	[lelɔ]
cuidados (m pl)	**лелор**	[lelɔr]
operação (f)	**этIор**	[ɛt'ɔr]
enfaixar (vt)	**дIадехка**	[d'adehk]
enfaixamento (m)	**йоьхкург**	[jøhkurg]
vacinação (f)	**маха тохар**	[maha tɔhar]
vacinar (vt)	**маха тоха**	[maha tɔh]
injeção (f)	**маха тохар**	[maha tɔhar]
dar uma injeção	**маха тоха**	[maha tɔh]
amputação (f)	**ампутаци**	[amputaʦɪ]
amputar (vt)	**дIадаккха**	[d'adakq]
coma (f)	**кома**	[kɔm]
estar em coma	**коме хила**	[kɔme hɪl]
reanimação (f)	**реанимаци**	[reanɪmaʦɪ]
recuperar-se (vr)	**тодала**	[tɔdal]
estado (~ de saúde)	**хьал**	[hal]
consciência (f)	**кхетам**	[qetam]
memória (f)	**эс**	[ɛs]
tirar (vt)	**дIадаккха**	[d'adakq]
chumbo (m), obturação (f)	**йома**	[jom]

chumbar, obturar (vt)	**йома йилла**	[jom jɪll]
hipnose (f)	**гипноз**	[gɪpnɔz]
hipnotizar (vt)	**гипноз ян**	[gɪpnɔz jan]

72. Médicos

médico (m)	**лор**	[lɔr]
enfermeira (f)	**лорйиша**	[lɔrjɪʃ]
médico (m) pessoal	**шен лор**	[ʃən lɔr]
dentista (m)	**дантист**	[dantɪst]
oculista (m)	**окулист**	[ɔkulɪst]
terapeuta (m)	**терапевт**	[terapevt]
cirurgião (m)	**хирург**	[hɪrurg]
psiquiatra (m)	**психиатр**	[psɪhɪatr]
pediatra (m)	**педиатр**	[pedɪatr]
psicólogo (m)	**психолог**	[psɪholɔg]
ginecologista (m)	**гинеколог**	[gɪnekɔlɔg]
cardiologista (m)	**кардиолог**	[kardɪɔlɔg]

73. Medicina. Drogas. Acessórios

medicamento (m)	**молха**	[mɔlh]
remédio (m)	**дарба**	[darb]
receitar (vt)	**дайх диена**	[dajh dɪen]
receita (f)	**рецепт**	[reʦept]
comprimido (m)	**буьртиг**	[bʉrtɪg]
pomada (f)	**хьакхар**	[haqar]
ampola (f)	**ампула**	[ampul]
preparado (m)	**микстура**	[mɪkstur]
xarope (m)	**сироп**	[sɪrɔp]
cápsula (f)	**буьртиг**	[bʉrtɪg]
remédio (m) em pó	**хlур**	[h'ur]
ligadura (f)	**бинт**	[bɪnt]
algodão (m)	**бамба**	[bamb]
iodo (m)	**йод**	[jod]
penso (m) rápido	**белхьам**	[belham]
conta-gotas (m)	**пипетка**	[pɪpətk]
termómetro (m)	**градусъюстург**	[gradusʔʉsturg]
seringa (f)	**маха**	[mah]
cadeira (f) de rodas	**гlудалкх**	[ɣudalq]
muletas (f pl)	**lасанаш**	['asanaʃ]
analgésico (m)	**лаза ца войту молханаш**	[laz ʦa vɔjtu mɔlhanaʃ]
laxante (m)	**чуьйнадохуьйтург**	[ʧʉjnadɔhʉjturg]
álcool (m) etílico	**спирт**	[spɪrt]
ervas (f pl) medicinais	**дарбанан буц**	[darbanan buʦ]
de ervas (chá ~)	**бецан**	[beʦan]

74. Fumar. Produtos tabágicos

tabaco (m)	**тонка**	[tɔnk]
cigarro (m)	**сигарет**	[sɪgɑret]
charuto (m)	**сигара**	[sɪgɑr]
cachimbo (m)	**луьлла**	[lʉll]
maço (~ de cigarros)	**цигаьркийн ботт**	[ʦɪgærkɪ:n bɔtt]
fósforos (m pl)	**сирникаш**	[sɪrnɪkɑʃ]
caixa (f) de fósforos	**сирникийн ботт**	[sɪrnɪkɪ:n bɔtt]
isqueiro (m)	**цlетухург**	[ʦ'etuhurg]
cinzeiro (m)	**чимтосург**	[ʧɪmtɔsurg]
cigarreira (f)	**портсигар**	[pɔrʦɪgɑr]
boquilha (f)	**муштакх**	[muʃtɑq]
filtro (m)	**луьттург**	[lʉtturg]
fumar (vi, vt)	**оза**	[ɔz]
acender um cigarro	**ийза дола**	[ɪ:z dɔl]
tabagismo (m)	**цигаьрка озар**	[ʦɪgærk ɔzɑr]
fumador (m)	**цигаьркаузург**	[ʦɪgærkɑuzurg]
beata (f)	**цигаьркан юьхьиг**	[ʦɪgærkɑn juhɪg]
fumo (m)	**кlур**	[k'ur]
cinza (f)	**чим**	[ʧɪm]

HABITAT HUMANO

Cidade

75. Cidade. Vida na cidade

cidade (f)	**гӀала**	[ɣal]
capital (f)	**нана-гӀала**	[nan ɣal]
aldeia (f)	**юрт**	[jurt]
mapa (m) da cidade	**гӀалин план**	[ɣalɪn plan]
centro (m) da cidade	**гӀалин юкъ**	[ɣalɪn juqʔ]
subúrbio (m)	**гӀалин йист**	[ɣalɪn jɪst]
suburbano	**гӀалин йистера**	[ɣalɪn jɪster]
periferia (f)	**гӀалин йист**	[ɣalɪn jɪst]
arredores (m pl)	**гӀалин гонахе**	[ɣalɪn gɔnahe]
quarteirão (m)	**квартал**	[kvartal]
quarteirão (m) residencial	**нах беха квартал**	[nah beha kvartal]
tráfego (m)	**лелар**	[lelar]
semáforo (m)	**светофор**	[swetɔfɔr]
transporte (m) público	**гӀалара транспорт**	[ɣalar transpɔrt]
cruzamento (m)	**галморзе**	[galmɔrze]
passadeira (f)	**галморзе**	[galmɔrze]
passagem (f) subterrânea	**лаьттан бухара дехьаволийла**	[lættan buhar dehavɔlɪ:l]
cruzar, atravessar (vt)	**дехьа вала**	[deh val]
peão (m)	**гӀашло**	[ɣaʃlɔ]
passeio (m)	**тротуар**	[trɔtuar]
ponte (f)	**тӀай**	[t'aj]
margem (f) do rio	**хийист**	[hɪ:ɪst]
fonte (f)	**фонтан**	[fɔntan]
alameda (f)	**аллей**	[allej]
parque (m)	**беш**	[beʃ]
bulevar (m)	**бульвар**	[buljvar]
praça (f)	**майда**	[majd]
avenida (f)	**проспект**	[prɔspekt]
rua (f)	**урам**	[uram]
travessa (f)	**урамалг**	[uramalg]
beco (m) sem saída	**кӀажбухе**	[k'aʒbuhe]
casa (f)	**цӀа**	[ʦ'a]
edifício, prédio (m)	**гӀишло**	[ɣɪʃlɔ]
arranha-céus (m)	**стигал-бохь**	[stɪgal bɔh]
fachada (f)	**хьалхе**	[halhe]

telhado (m)	**тхов**	[thov]
janela (f)	**кор**	[kɔr]
arco (m)	**нартол**	[nartɔl]
coluna (f)	**колонна**	[kɔlɔn]
esquina (f)	**маьІиг**	[mæ'ɪg]
montra (f)	**витрина**	[wɪtrɪn]
letreiro (m)	**гойтург**	[gɔjturg]
cartaz (m)	**афиша**	[afɪʃ]
cartaz (m) publicitário	**рекламан плакат**	[reklaman plakat]
painel (m) publicitário	**рекламан у**	[reklaman u]
lixo (m)	**нехаш**	[nehaʃ]
cesta (f) do lixo	**урна**	[urn]
jogar lixo na rua	**нехаш яржо**	[nehaʃ jarʒɔ]
aterro (m) sanitário	**нехаш дІакхийсуьйла**	[nehaʃ d'aqɪ:sʉjl]
cabine (f) telefónica	**телефонан будка**	[telefɔnan budk]
candeeiro (m) de rua	**фонаран зІенар**	[fɔnaran z'enar]
banco (m)	**гІант**	[ɣant]
polícia (m)	**полици**	[pɔlɪʦɪ]
polícia (instituição)	**полици**	[pɔlɪʦɪ]
mendigo (m)	**сагІадоьхург**	[saɣadøhurg]
sem-abrigo (m)	**цІа доцу**	[ʦ'a dɔʦu]

76. Instituições urbanas

loja (f)	**туька**	[tʉk]
farmácia (f)	**аптека**	[aptek]
ótica (f)	**оптика**	[ɔptɪk]
centro (m) comercial	**механ центр**	[mehan ʦentr]
supermercado (m)	**супермаркет**	[supermarket]
padaria (f)	**сурсатийн туька**	[sursatɪ:n tʉk]
padeiro (m)	**пурнхо**	[purnho]
pastelaria (f)	**кондитерски**	[kɔndɪterskɪ]
mercearia (f)	**баккхал**	[bakqal]
talho (m)	**жижиг духку туька**	[ʒɪʒɪg duhku tʉk]
loja (f) de legumes	**хасстоьмийн туька**	[hasstømɪ:n tʉk]
mercado (m)	**базар**	[bazar]
café (m)	**кафе**	[kafe]
restaurante (m)	**ресторан**	[restɔran]
bar (m), cervejaria (f)	**йийн туька**	[jɪ:n tʉk]
pizzaria (f)	**пиццерий**	[pɪʦerɪ:]
salão (m) de cabeleireiro	**парикмахерски**	[parɪkmaherskɪ]
correios (m pl)	**пошт**	[pɔʃt]
lavandaria (f)	**химцІандар**	[hɪmʦ'andar]
estúdio (m) fotográfico	**фотоателье**	[fɔtɔatelje]
sapataria (f)	**мачийн туька**	[maʧɪ:n tʉk]
livraria (f)	**книшкийн туька**	[knɪʃkɪ:n tʉk]

loja (f) de artigos de desporto	**спортан туька**	[sportan tʉk]
reparação (f) de roupa	**бедар таяр**	[bedar tajar]
aluguer (m) de roupa	**бедарийн прокат**	[bedarɪ:n prɔkat]
aluguer (m) de filmes	**фильман прокат**	[fɪljman prɔkat]
circo (m)	**цирк**	[ʦɪrk]
jardim (m) zoológico	**дийнатийн парк**	[dɪ:natɪ:n park]
cinema (m)	**кинотеатр**	[kɪnɔteatr]
museu (m)	**музей**	[muzej]
biblioteca (f)	**библиотека**	[bɪblɪɔtek]
teatro (m)	**театр**	[teatr]
ópera (f)	**опера**	[ɔper]
clube (m) noturno	**буьйсанан клуб**	[bʉjsanan klub]
casino (m)	**казино**	[kazɪnɔ]
mesquita (f)	**маьждиг**	[mæʒdɪg]
sinagoga (f)	**синагога**	[sɪnagɔg]
catedral (f)	**килс**	[kɪls]
templo (m)	**зиярат**	[zɪjarat]
igreja (f)	**килс**	[kɪls]
instituto (m)	**институт**	[ɪnstɪtut]
universidade (f)	**университет**	[unɪwersɪtet]
escola (f)	**школа**	[ʃkɔl]
prefeitura (f)	**префектур**	[prefektur]
câmara (f) municipal	**мэри**	[mɛrɪ]
hotel (m)	**хьешийн цIа**	[heʃɪ:n ʦ'a]
banco (m)	**банк**	[bank]
embaixada (f)	**векаллат**	[wekallat]
agência (f) de viagens	**турагенство**	[turagenstvɔ]
agência (f) de informações	**хаттараллин бюро**	[hattarallɪn bʉrɔ]
casa (f) de câmbio	**хуьицийла**	[hʉɪʦɪ:l]
metro (m)	**метро**	[metrɔ]
hospital (m)	**больница**	[bɔljnɪʦ]
posto (m) de gasolina	**бензин дутту колонка**	[benzɪn duttu kɔlɔnk]
parque (m) de estacionamento	**дIахIоттайойла**	[d'ah'ɔttajojl]

77. Transportes urbanos

autocarro (m)	**автобус**	[avtɔbus]
elétrico (m)	**трамвай**	[tramvaj]
troleicarro (m)	**троллейбус**	[trɔllejbus]
itinerário (m)	**маршрут**	[marʃrut]
número (m)	**номер**	[nɔmer]
ir de ... (carro, etc.)	**даха**	[dah]
entrar (~ no autocarro)	**тIехаа**	[t'eha'a]
descer de ...	**охьадосса**	[ɔhadɔss]
paragem (f)	**социйла**	[sɔʦɪ:l]

próxima paragem (f)	**рогlера социйла**	[rɔɣer sɔʦɪ:l]
ponto (m) final	**тlаьххьара социйла**	[t'æhɑr sɔʦɪ:l]
horário (m)	**расписани**	[rɑspɪsɑnɪ]
esperar (vt)	**хьежа**	[heʒ]
bilhete (m)	**билет**	[bɪlet]
custo (m) do bilhete	**билетан мах**	[bɪletɑn mɑh]
bilheteiro (m)	**кассир**	[kɑssɪr]
controlo (m) dos bilhetes	**контроль**	[kɔntrɔlj]
revisor (m)	**контролёр**	[kɔntrɔlʲor]
atrasar-se (vr)	**тlаьхьадиса**	[t'æhɑdɪs]
perder (o autocarro, etc.)	**тlаьхьадиса**	[t'æhɑdɪs]
estar com pressa	**сихадала**	[sɪhɑdɑl]
táxi (m)	**такси**	[tɑksɪ]
taxista (m)	**таксист**	[tɑksɪst]
de táxi (ir ~)	**таксин тlехь**	[tɑksɪn t'eh]
praça (f) de táxis	**такси дlахlоттайойла**	[tɑksɪ d'ɑh'ɔttɑjojl]
chamar um táxi	**таксига кхайкха**	[tɑksɪg qɑjq]
apanhar um táxi	**такси лаца**	[tɑksɪ lɑʦ]
tráfego (m)	**урамашкахула лелар**	[urɑmɑʃkɑhul lelɑr]
engarrafamento (m)	**дlадукъар**	[d'ɑduqʔɑr]
horas (f pl) de ponta	**юкъъелла хан**	[juqʔell hɑn]
estacionar (vi)	**машина дlахlоттар**	[mɑʃɪn d'ɑh'ɔttɑr]
estacionar (vt)	**машина дlахlотто**	[mɑʃɪn d'ɑh'ɔttɔ]
parque (m) de estacionamento	**дlахlоттайойла**	[d'ɑh'ɔttɑjojl]
metro (m)	**метро**	[metrɔ]
estação (f)	**станци**	[stɑnʦɪ]
ir de metro	**метрохь ваха**	[metrɔh vɑh']
comboio (m)	**цlерпошт**	[ʦ'erpɔʃt]
estação (f)	**вокзал**	[vɔkzɑl]

78. Turismo

monumento (m)	**хlоллам**	[h'ɔllɑm]
fortaleza (f)	**гlап**	[ɣɑp]
palácio (m)	**гlала**	[ɣɑl]
castelo (m)	**гlала**	[ɣɑl]
torre (f)	**бlов**	[b'ɔv]
mausoléu (m)	**мавзолей**	[mɑvzɔlej]
arquitetura (f)	**архитектура**	[ɑrhɪtektur]
medieval	**юккъерчу бlешерийн**	[jukqʔerʧu b'eʃərɪ:n]
antigo	**тамашена**	[tɑmɑʃən]
nacional	**къаьмнийн**	[qʔæmnɪ:n]
conhecido	**гlарадаьлла**	[ɣɑrɑdæll]
turista (m)	**турист**	[turɪst]
guia (pessoa)	**гид**	[gɪd]
excursão (f)	**экскурси**	[ɛkskursɪ]

mostrar (vt)	**гайта**	[gajt]
contar (vt)	**дийца**	[dɪ:ʦ]
encontrar (vt)	**каро**	[karɔ]
perder-se (vr)	**дан**	[dan]
mapa (~ do metrô)	**схема**	[shem]
mapa (~ da cidade)	**план**	[plan]
lembrança (f), presente (m)	**совгlат**	[sɔvɣat]
loja (f) de presentes	**совгlатан туька**	[sɔvɣatan tʉk]
fotografar (vt)	**сурт даккха**	[surt dakq]
fotografar-se	**сурт даккхийта**	[surt dakqɪ:t]

79. Compras

comprar (vt)	**эца**	[ɛʦ]
compra (f)	**эцар**	[ɛʦar]
fazer compras	**х1уманаш эца**	[humanaʃ ɛʦ]
compras (f pl)	**эцар**	[ɛʦar]
estar aberta (loja, etc.)	**болх бан**	[bɔlh ban]
estar fechada	**дlакъовла**	[d'aqʔɔvl]
calçado (m)	**мача**	[maʧ]
roupa (f)	**бедар**	[bedar]
cosméticos (m pl)	**косметика**	[kɔsmetɪk]
alimentos (m pl)	**сурсаташ**	[sursataʃ]
presente (m)	**совгlат**	[sɔvɣat]
vendedor (m)	**йохкархо**	[johkarhɔ]
vendedora (f)	**йохкархо**	[johkarhɔ]
caixa (f)	**касса**	[kass]
espelho (m)	**куьзга**	[kʉzg]
balcão (m)	**гlопаста**	[ɣɔpast]
cabine (f) de provas	**примерочни**	[prɪmerɔʧnɪ]
provar (vt)	**тlедуьйхина хьажа**	[t'edʉjhɪn haʒ]
servir (vi)	**гlехьа хила**	[ɣeh hɪl]
gostar (apreciar)	**хазахета**	[hazahet]
preço (m)	**мах**	[mah]
etiqueta (f) de preço	**махло**	[mahlɔ]
custar (vt)	**деха**	[deh]
Quanto?	**Хlун доккху?**	[h'un dɔkqu]
desconto (m)	**тlерадаккхар**	[t'eradakqar]
não caro	**деза доцу**	[dez dɔʦu]
barato	**дораха**	[dɔrah]
caro	**деза**	[dez]
É caro	**Иза механ деза ду.**	[ɪz mehan dez du]
aluguer (m)	**прокат**	[prɔkat]
alugar (vestidos, etc.)	**прокатан схьаэца**	[prɔkatan shaəʦ]

crédito (m)	**кредит**	[kredɪt]
a crédito	**кредитан**	[kredɪtan]

80. Dinheiro

dinheiro (m)	**ахча**	[ahʧ]
câmbio (m)	**хийцар**	[hɪ:ʦar]
taxa (f) de câmbio	**мах**	[mah]
Caixa Multibanco (m)	**банкомат**	[bankɔmat]
moeda (f)	**ахча**	[ahʧ]
dólar (m)	**доллар**	[dɔllar]
euro (m)	**евро**	[evrɔ]
lira (f)	**лира**	[lɪr]
marco (m)	**марка**	[mark]
franco (m)	**франк**	[frank]
libra (f) esterlina	**стерлингийн фунт**	[sterlɪngɪ:n funt]
iene (m)	**йена**	[jen]
dívida (f)	**декхар**	[deqar]
devedor (m)	**декхархо**	[deqarhɔ]
emprestar (vt)	**юхалург дала**	[juhalurg dal]
pedir emprestado	**юхалург эца**	[juhalurg ɛʦ]
banco (m)	**банк**	[bank]
conta (f)	**счёт**	[sʧʲot]
depositar na conta	**счёт тӀедилла**	[sʧʲot t'edɪll]
levantar (vt)	**счёт тӀера схьаэца**	[sʧʲot t'er sha'ɛʦ]
cartão (m) de crédito	**кредитан карта**	[kredɪtan kart]
dinheiro (m) vivo	**карахь долу ахча**	[karah dɔlu ahʧ]
cheque (m)	**чек**	[ʧek]
passar um cheque	**чёт язъян**	[ʧʲot jazʔjan]
livro (m) de cheques	**чекан книшка**	[ʧekan knɪʃk]
carteira (f)	**бумаьштиг**	[bumæʃtɪg]
porta-moedas (m)	**бохча**	[bɔhʧ]
cofre (m)	**сейф**	[sejf]
herdeiro (m)	**верас**	[weras]
herança (f)	**диснарг**	[dɪsnarg]
fortuna (riqueza)	**бахам**	[baham]
arrendamento (m)	**аренда**	[arend]
renda (f) de casa	**петаран мах**	[petaran mah]
alugar (vt)	**лаца**	[laʦ]
preço (m)	**мах**	[mah]
custo (m)	**мах**	[mah]
soma (f)	**жамӀ**	[ʒam']
gastar (vt)	**дайа**	[daj]
gastos (m pl)	**харжаш**	[harʒaʃ]

economizar (vi)	**довзо**	[dɔvzɔ]
económico	**девзаш долу**	[devzaʃ dɔlu]
pagar (vt)	**ахча дала**	[ahʧ dal]
pagamento (m)	**алапа далар**	[alap dalar]
troco (m)	**юхадоrlург**	[juhadɔɣurg]
imposto (m)	**налог**	[nalɔg]
multa (f)	**rlуда**	[ɣud]
multar (vt)	**rlуда тоха**	[ɣud tɔh]

81. Correios. Serviço postal

correios (m pl)	**пошт**	[pɔʃt]
correio (m)	**пошт**	[pɔʃt]
carteiro (m)	**почтальон**	[pɔʧtalʲɔn]
horário (m)	**белхан сахьташ**	[belhan sahtaʃ]
carta (f)	**кехат**	[kehat]
carta (f) registada	**заказ дина кехат**	[zakaz dɪn kehat]
postal (m)	**открытк**	[ɔtkrɪtk]
telegrama (m)	**телеграмма**	[telegramm]
encomenda (f) postal	**посылка**	[pɔsɪlk]
remessa (f) de dinheiro	**дlатесна ахча**	[d'atesn ahʧ]
receber (vt)	**схьаэца**	[shaəʦ]
enviar (vt)	**дlадахьийта**	[d'adahɪ:t]
envio (m)	**дlадахьийтар**	[d'adahɪ:tar]
endereço (m)	**адрес**	[adres]
código (m) postal	**индекс**	[ɪndeks]
remetente (m)	**дlадахьийтинарг**	[d'adahɪ:tɪnarg]
destinatário (m)	**схьаэцархо**	[shaəʦarhɔ]
nome (m)	**цlе**	[ʦ'e]
apelido (m)	**фамили**	[famɪlɪ]
tarifa (f)	**тариф**	[tarɪf]
ordinário	**гуттарлера**	[guttarler]
económico	**кхоаме**	[qɔame]
peso (m)	**дозалла**	[dɔzall]
pesar (estabelecer o peso)	**оза**	[ɔz]
envelope (m)	**ботт**	[bɔtt]
selo (m)	**марка**	[mark]

Moradia. Casa. Lar

82. Casa. Habitação

casa (f)	**цlа**	[ʦ'ɑ]
em casa	**цlахь**	[ʦ'ɑh]
pátio (m)	**керт**	[kert]
cerca (f)	**керт**	[kert]
tijolo (m)	**кибарчиг**	[kɪbɑrʧɪg]
de tijolos	**кибарчигийн**	[kɪbɑrʧɪgɪ:n]
pedra (f)	**тlулг**	[t'ulg]
de pedra	**тlулган**	[t'ulgɑn]
betão (m)	**бетон**	[betɔn]
de betão	**бетонан**	[betɔnɑn]
novo	**цlина**	[ʦ'ɪn]
velho	**тиша**	[tɪʃ]
decrépito	**тиша**	[tɪʃ]
moderno	**вайн хенан**	[vɑjn henɑn]
de muitos andares	**дукхазза тlеклелдина**	[duqɑzz t'ek'eldɪn]
alto	**лекха**	[leq]
andar (m)	**этаж**	[ɛtɑʒ]
de um andar	**цхьа этаж йолу**	[ʦhɑ ɛtɑʒ jolu]
andar (m) de baixo	**лахара этаж**	[lɑhɑr ɛtɑʒ]
andar (m) de cima	**лакхара этаж**	[lɑqɑr ɛtɑʒ]
telhado (m)	**тхов**	[thov]
chaminé (f)	**биргlа**	[bɪrɣ]
telha (f)	**кериг**	[gerɪg]
de telha	**кериган**	[gerɪgɑn]
sótão (m)	**чардакх**	[ʧɑrdɑq]
janela (f)	**кор**	[kɔr]
vidro (m)	**ангали**	[ɑngɑlɪ]
parapeito (m)	**коран у**	[kɔrɑn u]
portadas (f pl)	**коран неlараш**	[kɔrɑn neəɑrɑʃ]
parede (f)	**пен**	[pen]
varanda (f)	**балкон**	[bɑlkɔn]
tubo (m) de queda	**малхбалехьара биргlа**	[mɑlhbɑlehɑr bɪrɣ]
em cima	**лакхахь**	[lɑqɑh]
subir (~ as escadas)	**тlедала**	[t'edɑl]
descer (vi)	**охьадан**	[ɔhɑdɑn]
mudar-se (vr)	**дlаваха**	[d'ɑvɑh]

83. Casa. Entrada. Elevador

entrada (f)	**тlеводийла**	[t'evɔdɪ:l]
escada (f)	**лами**	[lamɪ]
degraus (m pl)	**тlегlанаш**	[t'eɣanaʃ]
corrimão (m)	**перила**	[perɪl]
hall (m) de entrada	**дуьхьал чоь**	[dʉhal ʧø]
caixa (f) de correio	**поштан яьшка**	[pɔʃtan jæʃk]
caixote (m) do lixo	**нехаш кхуьйсу бак**	[nehaʃ qʉjsu bak]
conduta (f) do lixo	**нехашдlаузург**	[nehaʃdauzurg]
elevador (m)	**лифт**	[lɪft]
elevador (m) de carga	**киранан лифт**	[kɪranan lɪft]
cabine (f)	**лифтан кабин**	[lɪftan kabɪn]
pegar o elevador	**даха**	[dah]
apartamento (m)	**петар**	[petar]
moradores (m pl)	**хlусамхой**	[h'usamhoj]
vizinho (m)	**лулахо**	[lulaho]
vizinha (f)	**лулахо**	[lulaho]
vizinhos (pl)	**лулахой**	[lulahoj]

84. Casa. Portas. Fechaduras

porta (f)	**неl**	[neʕ]
portão (m)	**ков**	[kɔv]
maçaneta (f)	**тlам**	[t'am]
destrancar (vt)	**дlайела**	[d'ajel]
abrir (vt)	**схьайела**	[shajel]
fechar (vt)	**дlакъовла**	[d'aqʔɔvl]
chave (f)	**догlа**	[dɔɣ]
molho (m)	**догlанийн кочар**	[dɔɣanɪ:n kɔʧar]
ranger (vi)	**цlийза**	[ʦ'ɪ:z]
rangido (m)	**цlийзар**	[ʦ'ɪ:zar]
dobradiça (f)	**кlажа**	[k'aʒ]
tapete (m) de entrada	**кузан цуьрг**	[kuzan ʦʉrg]
fechadura (f)	**догlа**	[dɔɣ]
buraco (m) da fechadura	**догlанан lуьрг**	[dɔɣanan 'ʉrg]
ferrolho (m)	**гlуй**	[ɣuj]
fecho (ferrolho pequeno)	**зайл**	[zajl]
cadeado (m)	**навесной догlа**	[nawesnɔj dɔɣ]
tocar (vt)	**детта**	[dett]
toque (m)	**горгали**	[gɔrgalɪ]
campainha (f)	**горгали**	[gɔrgalɪ]
botão (m)	**кнопка**	[knɔpk]
batida (f)	**тата**	[tat]
bater (vi)	**детта**	[dett]
código (m)	**код**	[kɔd]
fechadura (f) de código	**кодови догlа**	[kɔdɔwɪ dɔɣ]

telefone (m) de porta	**домофон**	[dɔmɔfɔn]
número (m)	**номер**	[nɔmer]
placa (f) de porta	**гойтург**	[gɔjturg]
vigia (f), olho (m) mágico	**бlаьрг**	[b'ærg]

85. Casa de campo

aldeia (f)	**юрт**	[jurt]
horta (f)	**хасбеш**	[hasbeʃ]
cerca (f)	**керт**	[kert]
paliçada (f)	**керт**	[kert]
cancela (f) do jardim	**ринжа**	[rɪnʒ]
celeiro (m)	**амбар**	[ambɑr]
adega (f)	**ларма**	[lɑrm]
galpão, barracão (m)	**божал**	[bɔʒɑl]
poço (m)	**гlу**	[ɣu]
fogão (m)	**пеш**	[peʃ]
atiçar o fogo	**даго**	[dɑgɔ]
lenha (carvão ou ~)	**дечиг**	[deʧɪg]
acha (lenha)	**туьппалг**	[tʉppɑlg]
varanda (f)	**уче**	[uʧe]
alpendre (m)	**уче**	[uʧe]
degraus (m pl) de entrada	**лаба**	[lɑb]
balouço (m)	**бираьнчик**	[bɪrænʧɪk]

86. Castelo. Palácio

castelo (m)	**гlала**	[ɣɑl]
palácio (m)	**гlала**	[ɣɑl]
fortaleza (f)	**гlап**	[ɣɑp]
muralha (f)	**пен**	[pen]
torre (f)	**бlов**	[b'ɔv]
calabouço (m)	**коьрта бlов**	[kørt b'ɔv]
grade (f) levadiça	**хьалаайалун ков**	[hɑlɑ'ajɑlun kɔv]
passagem (f) subterrânea	**лаьттан бухара чекхдолийла**	[lættɑn buhar ʧeqdɔlɪ:l]
fosso (m)	**саьнгар**	[sængɑr]
corrente, cadeia (f)	**зlе**	[z'e]
seteira (f)	**бlарол**	[b'ɑrɔl]
magnífico	**исбаьхьа**	[ɪsbæh]
majestoso	**инзара-доккха**	[ɪnzɑr dɔkq]
inexpugnável	**тlекхачалур воцу**	[t'eqɑʧɑlur vɔʦu]
medieval	**юккъерчу бlешерийн**	[jukqʔerʧu b'eʃərɪ:n]

87. Apartamento

apartamento (m)	**петар**	[petɑr]
quarto (m)	**чоь**	[ʧø]
quarto (m) de dormir	**дуьйшу чоь**	[dʉjʃu ʧø]
sala (f) de jantar	**столови**	[stɔlɔwɪ]
sala (f) de estar	**хьешан цӀа**	[heʃɑn ʦ'ɑ]
escritório (m)	**кабинет**	[kɑbɪnet]
antessala (f)	**сени**	[senɪ]
quarto (m) de banho	**ваннан чоь**	[vɑnnɑn ʧø]
toilette (lavabo)	**хьаштагӀа**	[hɑʃtɑɣ]
teto (m)	**тхов**	[thov]
chão, soalho (m)	**цӀенкъа**	[ʦ'enqʔ]
canto (m)	**са**	[s]

88. Apartamento. Limpeza

arrumar, limpar (vt)	**дӀадаха**	[d'ɑdɑh]
guardar (no armário, etc.)	**дӀадаха**	[d'ɑdɑh]
pó (m)	**чан**	[ʧɑn]
empoeirado	**ченан**	[ʧenɑn]
limpar o pó	**чан дӀаякккха**	[ʧɑn d'ɑjɑkq]
aspirador (m)	**чанъузург**	[ʧɑnʔuzurg]
aspirar (vt)	**чанъузург хьакха**	[ʧɑnʔuzurg hɑq]
varrer (vt)	**нуй хьакха**	[nuj hɑq]
sujeira (f)	**нехаш**	[nehɑʃ]
arrumação (f), ordem (f)	**къепе**	[qʔepe]
desordem (f)	**къепе яцар**	[qʔepe jɑʦɑr]
esfregão (m)	**швабра**	[ʃvɑbr]
pano (m), trapo (m)	**горгам**	[gɔrgɑm]
vassoura (f)	**нуй**	[nuj]
pá (f) de lixo	**аьшкал**	[æʃkɑl]

89. Mobiliário. Interior

mobiliário (m)	**мебель**	[mebelj]
mesa (f)	**стол**	[stɔl]
cadeira (f)	**гӀант**	[ɣɑnt]
cama (f)	**маьнга**	[mæng]
divã (m)	**диван**	[dɪvɑn]
cadeirão (m)	**кресло**	[kreslɔ]
estante (f)	**шкаф**	[ʃkɑf]
prateleira (f)	**терхи**	[terhɪ]
guarda-vestidos (m)	**шкаф**	[ʃkɑf]
cabide (m) de parede	**бедаршъухкург**	[bedɑrʃʔuhkurg]

cabide (m) de pé	**бедаршъухкург**	[bedarʃʔuhkurg]
cómoda (f)	**комод**	[kɔmɔd]
mesinha (f) de centro	**журналан стол**	[ʒurnalan stɔl]
espelho (m)	**куьзга**	[kʉzg]
tapete (m)	**куз**	[kuz]
tapete (m) pequeno	**кузан цуьрг**	[kuzan ʦʉrg]
lareira (f)	**товха**	[tɔvh]
vela (f)	**чlурам**	[ʧʼuram]
castiçal (m)	**чlурамхlотторг**	[ʧʼuramhɔttɔrg]
cortinas (f pl)	**шторaш**	[ʃtɔraʃ]
papel (m) de parede	**обойш**	[ɔbɔjʃ]
estores (f pl)	**жалюзаш**	[ʒalʉzaʃ]
candeeiro (m) de mesa	**стоьла тlе хlотто лампа**	[støl tʼe hʼɔttɔ lamp]
candeeiro (m) de parede	**къуьда**	[qʔʉd]
candeeiro (m) de pé	**торшер**	[tɔrʃər]
lustre (m)	**люстра**	[lʉstr]
pé (de mesa, etc.)	**ког**	[kɔg]
braço (m)	**голагlорторг**	[gɔlaɣɔrtɔrg]
costas (f pl)	**букъ**	[buqʔ]
gaveta (f)	**яьшка**	[jæʃk]

90. Quarto de dormir

roupa (f) de cama	**чухулаюху хlуманаш**	[ʧuhulajuhu hʼumanaʃ]
almofada (f)	**гlайба**	[ɣajb]
fronha (f)	**лоччар**	[lɔʧar]
cobertor (m)	**юргlа**	[jurɣ]
lençol (m)	**шаршу**	[ʃarʃu]
colcha (f)	**меттан шаршу**	[mettan ʃarʃu]

91. Cozinha

cozinha (f)	**кухни**	[kuhnɪ]
gás (m)	**газ**	[gaz]
fogão (m) a gás	**газан плита**	[gazan plɪt]
fogão (m) elétrico	**электрически плита**	[ɛlektrɪʧeskɪ plɪt]
forno (m)	**духовка**	[duhovk]
forno (m) de micro-ondas	**микроволнови пеш**	[mɪkrɔvɔlnɔwɪ peʃ]
frigorífico (m)	**шелиг**	[ʃəlɪg]
congelador (m)	**морозильник**	[mɔrɔzɪljnɪk]
máquina (f) de lavar louça	**пхьегlаш йулу машина**	[pheɣaʃ julu maʃɪn]
moedor (m) de carne	**жижигъохьург**	[ʒɪʒɪgʔɔhurg]
espremedor (m)	**муттадоккхург**	[muttadɔkqurg]
torradeira (f)	**тостер**	[tɔster]
batedeira (f)	**миксер**	[mɪkser]

máquina (f) de café	**къахьокхехкорг**	[q?ahɔqehkɔrg]
cafeteira (f)	**къахьокхехкорг**	[q?ahɔqehkɔrg]
moinho (m) de café	**къахьоахьарг**	[q?ahɔaharg]
chaleira (f)	**чайник**	[ʧajnɪk]
bule (m)	**чайник**	[ʧajnɪk]
tampa (f)	**неlар**	[neɣar]
coador (m) de chá	**цаца**	[ʦaʦ]
colher (f)	**lайг**	['ajg]
colher (f) de chá	**стаканан lайг**	[stakanan 'ajg]
colher (f) de sopa	**аьчка lайг**	['æʧk 'ajg]
garfo (m)	**мlара**	[m'ar]
faca (f)	**урс**	[urs]
louça (f)	**пхьегlаш**	[pheɣaʃ]
prato (m)	**бошхап**	[bɔʃhap]
pires (m)	**бошхап**	[bɔʃhap]
cálice (m)	**рюмка**	[rʉmk]
copo (m)	**стака**	[stak]
chávena (f)	**кад**	[kad]
açucareiro (m)	**шекардухкург**	[ʃəkarduhkurg]
saleiro (m)	**туьхадухкург**	[tʉhaduhkurg]
pimenteiro (m)	**бурчъюхкург**	[burʧ?ʉhkurg]
manteigueira (f)	**даьттадуьллург**	[dættadʉllurg]
panela, caçarola (f)	**яй**	[jaj]
frigideira (f)	**зайла**	[zajl]
concha (f)	**чами**	[ʧamɪ]
passador (m)	**луьттар**	[lʉttar]
bandeja (f)	**хедар**	[hedar]
garrafa (f)	**шиша**	[ʃɪʃ]
boião (m) de vidro	**банка**	[bank]
lata (f)	**банка**	[bank]
abre-garrafas (m)	**схьадоьллург**	[shadøllurg]
abre-latas (m)	**схьадоьллург**	[shadøllurg]
saca-rolhas (m)	**штопор**	[ʃtɔpɔr]
filtro (m)	**луьттург**	[lʉtturg]
filtrar (vt)	**литта**	[lɪtt]
lixo (m)	**нехаш**	[nehaʃ]
balde (m) do lixo	**нехийн ведар**	[nehɪ:n wedar]

92. Casa de banho

quarto (m) de banho	**ваннан чоь**	[vannan ʧø]
água (f)	**хи**	[hɪ]
torneira (f)	**кран**	[kran]
água (f) quente	**довха хи**	[dɔvha hɪ]
água (f) fria	**шийла хи**	[ʃɪ:l hɪ]

pasta (f) de dentes	**цергийн паста**	[ʦergɪ:n past]
escovar os dentes	**церганш цlанъян**	[ʦergaʃ ʦ'anʔjan]
barbear-se (vr)	**даша**	[daʃ]
espuma (f) de barbear	**чопа**	[ʧɔp]
máquina (f) de barbear	**урс**	[urs]
lavar (vt)	**дила**	[dɪl]
lavar-se (vr)	**дила**	[dɪl]
duche (m)	**душ**	[duʃ]
tomar um duche	**лийча**	[lɪ:ʧ]
banheira (f)	**ванна**	[van]
sanita (f)	**унитаз**	[unɪtaz]
lavatório (m)	**раковина**	[rakɔwɪn]
sabonete (m)	**саба**	[sab]
saboneteira (f)	**сабадуьллург**	[sabadʉllurg]
esponja (f)	**худург**	[hudurg]
champô (m)	**шампунь**	[ʃampunj]
toalha (f)	**гата**	[gat]
roupão (m) de banho	**оба**	[ɔb]
lavagem (f)	**диттар**	[dɪttar]
máquina (f) de lavar	**хlуманаш юьтту машина**	[h'umanaʃ juttu maʃɪn]
lavar a roupa	**чухулаюху хlуманаш йитта**	[ʧuhulajuhu h'umanaʃ jɪtt]
detergente (m)	**хlуманаш юьтту порошок**	[h'umanaʃ juttu pɔrɔʃɔk]

93. Eletrodomésticos

televisor (m)	**телевизор**	[telewɪzɔr]
gravador (m)	**магнитофон**	[magnɪtɔfɔn]
videogravador (m)	**видеомагнитофон**	[wɪdeɔmagnɪtɔfɔn]
rádio (m)	**приёмник**	[prɪ'omnɪk]
leitor (m)	**плеер**	[plɛ'er]
projetor (m)	**видеопроектор**	[wɪdeɔprɔektɔr]
cinema (m) em casa	**цlахь лело кинотеатр**	[ʦ'ah lelɔ kɪnɔteatr]
leitor (m) de DVD	**DVD гойтург**	[dɪwɪdɪ gɔjturg]
amplificador (m)	**чlаrlдийриг**	[ʧ'aɣdɪ:rɪg]
console (f) de jogos	**ловзаран приставка**	[lɔvzaran prɪstavk]
câmara (f) de vídeo	**видеокамера**	[wɪdeɔkamer]
máquina (f) fotográfica	**фотоаппарат**	[fɔtɔapparat]
câmara (f) digital	**цифровой фотоаппарат**	[ʦɪfrɔvɔj fɔtɔapparat]
aspirador (m)	**чанъузург**	[ʧanʔuzurg]
ferro (m) de engomar	**иту**	[ɪtu]
tábua (f) de engomar	**иту хьокху у**	[ɪtu hɔqu u]
telefone (m)	**телефон**	[telefɔn]
telemóvel (m)	**мобильни телефон**	[mɔbɪljnɪ telefɔn]

máquina (f) de escrever	**зорба туху машина**	[zɔrb tuhu maʃɪn]
máquina (f) de costura	**чарх**	[ʧarh]
microfone (m)	**микрофон**	[mɪkrɔfɔn]
auscultadores (m pl)	**ладугӀургаш**	[laduɣurgaʃ]
controlo remoto (m)	**пульт**	[puljt]
CD (m)	**компакт-диск**	[kɔmpakt dɪsk]
cassete (f)	**кассета**	[kasset]
disco (m) de vinil	**пластинка**	[plastɪnk]

94. Reparações. Renovação

renovação (f)	**таяр**	[tajar]
renovar (vt), fazer obras	**ремонт яр**	[remɔnt jar]
reparar (vt)	**ремонт ян**	[remɔnt jan]
consertar (vt)	**къепе дало**	[qʔepe dalɔ]
refazer (vt)	**юхадан**	[juhadan]
tinta (f)	**басар**	[basar]
pintar (vt)	**басар хьакха**	[basar haq]
pintor (m)	**басарча**	[basarʧ]
pincel (m)	**щётка**	[ɕʲotk]
cal (f)	**кир тоха**	[kɪr tɔh]
caiar (vt)	**кир тоха**	[kɪr tɔh]
papel (m) de parede	**обойш**	[ɔbɔjʃ]
colocar papel de parede	**обойш лато**	[ɔbɔjʃ latɔ]
verniz (m)	**лак**	[lak]
envernizar (vt)	**лак хьакха**	[lak haq]

95. Canalizações

água (f)	**хи**	[hɪ]
água (f) quente	**довха хи**	[dɔvha hɪ]
água (f) fria	**шийла хи**	[ʃɪ:l hɪ]
torneira (f)	**кран**	[kran]
gota (f)	**тӀадам**	[t'adam]
gotejar (vi)	**леда**	[led]
vazar (vt)	**эха**	[ɛh]
vazamento (m)	**дӀаэхар**	[d'aəhar]
poça (f)	**Ӏам**	['am]
tubo (m)	**биргӀа**	[bɪrɣ]
válvula (f)	**пиллиг**	[pɪllɪg]
entupir-se (vi)	**дукъадала**	[duqʔadal]
ferramentas (f pl)	**гӀирсаш**	[ɣɪrsaʃ]
chave (f) inglesa	**галморзахдоккху догӀа**	[galmɔrzahdɔkqu dɔɣ]
desenroscar (vt)	**схьахьовзо**	[shahɔvzɔ]

enroscar (vt)	**хьовзо**	[hɔvzɔ]
desentupir (vt)	**дlацlандан**	[d'aʦ'andan]
canalizador (m)	**сантехник**	[santehnɪk]
cave (f)	**ор**	[ɔr]
sistema (m) de esgotos	**канализаци**	[kanalɪzaʦɪ]

96. Fogo. Deflagração

incêndio (m)	**цlе**	[ʦ'e]
chama (f)	**алу**	[alu]
faísca (f)	**суй**	[suj]
fumo (m)	**кlур**	[k'ur]
tocha (f)	**хаьштиг**	[hæʃtɪg]
fogueira (f)	**цlе**	[ʦ'e]
gasolina (f)	**бензин**	[benzɪn]
querosene (m)	**мехкадаьтта**	[mehkadætt]
inflamável	**догу**	[dɔgu]
explosivo	**эккхар кхераме**	[ɛkqar qerame]
PROIBIDO FUMAR!	**ЦИГАЬРКА ОЗА МЕГАШ ДАЦ!**	[ʦɪgærk ɔz megaʃ daʦ]
segurança (f)	**кхерамза**	[qeramz]
perigo (m)	**кхерам**	[qeram]
perigoso	**кхераме**	[qerame]
incendiar-se (vr)	**дата**	[dat]
explosão (f)	**эккхар**	[ɛkqar]
incendiar (vt)	**лато**	[latɔ]
incendiário (m)	**цlетасархо**	[ʦ'etasarhɔ]
incêndio (m) criminoso	**цlе йиллар**	[ʦ'e jɪllar]
arder (vi)	**алу тийса**	[alu tɪ:s]
queimar (vi)	**догуш хила**	[dɔguʃ hɪl]
queimar tudo (vi)	**даьгна дlадала**	[dægn dɑladal]
bombeiro (m)	**цlе йойу**	[ʦ'e joju]
carro (m) de bombeiros	**цlе йойу машина**	[ʦ'e joju maʃɪn]
corpo (m) de bombeiros	**цlе йойу орца**	[ʦ'e joju ɔrʦ]
escada (f) extensível	**цlе йойу лами**	[ʦ'e joju lamɪ]
mangueira (f)	**марш**	[marʃ]
extintor (m)	**цlейойург**	[ʦ'ejojurg]
capacete (m)	**каска**	[kask]
sirene (f)	**сирена**	[sɪren]
gritar (vi)	**мохь бетта**	[mɔh bett]
chamar por socorro	**гlонна кхайкха**	[ɣɔnn qajq]
salvador (m)	**кlелхьардакхархо**	[k'elhardaqharhɔ]
salvar, resgatar (vt)	**кlелхьардаккха**	[k'elhardakq]
chegar (vi)	**дан**	[dan]
apagar (vt)	**дlадайа**	[d'adaj]
água (f)	**хи**	[hɪ]

areia (f)	**гlум**	[ɣum]
ruínas (f pl)	**къапалг**	[q?apalg]
ruir (vi)	**харца**	[harʦ]
desmoronar (vi)	**чухарца**	[ʧuharʦ]
desabar (vi)	**охьахарца**	[ɔhaharʦ]
fragmento (m)	**кийсиг**	[kɪ:sɪg]
cinza (f)	**чим**	[ʧɪm]
sufocar (vi)	**садукъадала**	[saduq?adal]
perecer (vi)	**хlаллакьхила**	[h'allakʲhɪl]

ATIVIDADES HUMANAS

Emprego. Negócios. Parte 1

97. Banca

banco (m)	**банк**	[bank]
sucursal, balcão (f)	**отделени**	[ɔtdelenɪ]
consultor (m)	**консультант**	[kɔnsuljtant]
gerente (m)	**урхалхо**	[urhalho]
conta (f)	**счёт**	[sʧʲot]
número (m) da conta	**чотан номер**	[ʧɔtan nɔmer]
conta (f) corrente	**карара чот**	[karar ʧɔt]
conta (f) poupança	**накопительни чот**	[nakɔpɪteljnɪ ʧɔt]
abrir uma conta	**чот схьайелла**	[ʧɔt shajell]
fechar uma conta	**чот дlакъовла**	[ʧɔt d'aqʔɔvl]
depositar na conta	**счёт тlедилла**	[sʧʲot t'edɪll]
levantar (vt)	**счёт тlера схьаэца**	[sʧʲot t'er sha'ɛʦ]
depósito (m)	**диллар**	[dɪllar]
fazer um depósito	**дилла**	[dɪll]
transferência (f) bancária	**дахьийтар**	[dahɪ:tar]
transferir (vt)	**дахьийта**	[dahɪ:t]
soma (f)	**жамl**	[ʒam']
Quanto?	**Мел?**	[mel]
assinatura (f)	**куьг**	[kʉg]
assinar (vt)	**куьг таlо**	[kʉg ta'ɔ]
cartão (m) de crédito	**кредитан карта**	[kredɪtan kart]
código (m)	**код**	[kɔd]
número (m) do cartão de crédito	**кредитан картан номер**	[kredɪtan kartan nɔmer]
Caixa Multibanco (m)	**банкомат**	[bankɔmat]
cheque (m)	**чек**	[ʧek]
passar um cheque	**чек язъян**	[ʧek jazʔjan]
livro (m) de cheques	**чекан книшка**	[ʧekan knɪʃk]
empréstimo (m)	**кредит**	[kredɪt]
pedir um empréstimo	**кредит дехар**	[kredɪt dehar]
obter um empréstimo	**кредит эца**	[kredɪt ɛʦ]
conceder um empréstimo	**кредит далар**	[kredɪt dalar]
garantia (f)	**юкъархилар**	[juqʔarhɪlar]

98. Telefone. Conversação telefónica

telefone (m)	**телефон**	[telefɔn]
telemóvel (m)	**мобильни телефон**	[mɔbɪljnɪ telefɔn]
secretária (f) electrónica	**автоответчик**	[ɑvtə'otweʧɪk]
fazer uma chamada	**детта**	[dett]
chamada (f)	**горгали**	[gɔrgɑlɪ]
marcar um número	**номер эца**	[nɔmer ɛʦ]
Alô!	**Алло!**	[ɑllɔ]
perguntar (vt)	**хатта**	[hatt]
responder (vt)	**жоп дала**	[ʒɔp dɑl]
ouvir (vt)	**хаза**	[haz]
bem	**дика ду**	[dɪk du]
mal	**вон ду**	[vɔn du]
ruído (m)	**новкъарлонаш**	[nɔvqʔɑrlɔnɑʃ]
auscultador (m)	**луьлла**	[lʉll]
pegar o telefone	**луьлла эца**	[lʉll ɛʦ]
desligar (vi)	**луьлла охьайилла**	[lʉll ɔhɑjɪll]
ocupado	**мукъа доцу**	[muqʔ dɔʦu]
tocar (vi)	**етта**	[ett]
lista (f) telefónica	**телефонан книга**	[telefɔnɑn knɪg]
chamada (f) local	**меттигара**	[mettɪgɑr]
de longa distância	**гӀаланашна юккъера**	[ɣɑlɑnɑʃn jukqʔer]
internacional	**гӀаланашна юккъера**	[ɣɑlɑnɑʃn jukqʔer]

99. Telefone móvel

telemóvel (m)	**мобильни телефон**	[mɔbɪljnɪ telefɔn]
ecrã (m)	**дисплей**	[dɪsplej]
botão (m)	**кнопка**	[knɔpk]
cartão SIM (m)	**SIM-карта**	[sɪm kɑrt]
bateria (f)	**батарей**	[bɑtɑrej]
descarregar-se	**кхачадала**	[qɑʧɑdɑl]
carregador (m)	**юзаран гӀирс**	[juzɑrɑn ɣɪrs]
menu (m)	**меню**	[menʉ]
definições (f pl)	**настройкаш**	[nɑstrɔjkɑʃ]
melodia (f)	**мукъам**	[muqʔɑm]
escolher (vt)	**харжа**	[hɑrʒ]
calculadora (f)	**калькулятор**	[kɑljkuljɑtɔr]
correio (m) de voz	**автоответчик**	[ɑvtə'otweʧɪk]
despertador (m)	**сомавоккху сахьт**	[sɔmɑvɔkqu sɑht]
contatos (m pl)	**телефонан книга**	[telefɔnɑn knɪg]
mensagem (f) de texto	**SMS-хаам**	[ɛsɛmɛs hɑ'ɑm]
assinante (m)	**абонент**	[ɑbɔnent]

100. Estacionário

caneta (f)	**авторучка**	[ɑvtɔrutʃk]
caneta (f) tinteiro	**перо**	[perɔ]
lápis (m)	**къолам**	[qʔɔlɑm]
marcador (m)	**маркер**	[mɑrker]
caneta (f) de feltro	**фломастер**	[flɔmɑster]
bloco (m) de notas	**блокнот**	[blɔknɔt]
agenda (f)	**ежедневник**	[eʒednevnɪk]
régua (f)	**линейка**	[lɪnejk]
calculadora (f)	**калькулятор**	[kɑljkuljɑtɔr]
borracha (f)	**лаьстиг**	[læstɪg]
pionés (m)	**кнопка**	[knɔpk]
clipe (m)	**маlар**	[mɑ'ɑr]
cola (f)	**клей**	[klej]
agrafador (m)	**степлер**	[stepler]
furador (m)	**Іуьргашдохург**	['ʉrgɑʃdɔhurg]
afia-lápis (m)	**точилк**	[tɔtʃɪlk]

Emprego. Negócios. Parte 2

101. Media

jornal (m)	**газета**	[gazet]
revista (f)	**журнал**	[ʒurnal]
imprensa (f)	**пресса**	[press]
rádio (m)	**радио**	[radɪɔ]
estação (f) de rádio	**радиостанци**	[radɪɔstantsɪ]
televisão (f)	**телевидени**	[telewɪdenɪ]
apresentador (m)	**телевиденин ведущий**	[telewɪdenɪn weduɕɪ:]
locutor (m)	**диктор**	[dɪktɔr]
comentador (m)	**комментархо**	[kɔmmentarhɔ]
jornalista (m)	**журналист**	[ʒurnalɪst]
correspondente (m)	**корреспондент**	[kɔrrespɔndent]
repórter (m) fotográfico	**фотокорреспондент**	[fɔtɔkɔrrespɔndent]
repórter (m)	**репортёр**	[repɔrtʲor]
redator (m)	**редактор**	[redaktɔr]
redator-chefe (m)	**коьрта редактор**	[kørt redaktɔr]
assinar a ...	**яздала**	[jazdal]
assinatura (f)	**яздар**	[jazdar]
assinante (m)	**язвалархо**	[jazvalarhɔ]
ler (vt)	**еша**	[eʃ]
leitor (m)	**ешархо**	[eʃarhɔ]
tiragem (f)	**тираж**	[tɪraʒ]
mensal	**хlор беттан**	[h'ɔr bettan]
semanal	**хlор кlиранан**	[h'ɔr k'ɪranan]
número (jornal, revista)	**номер**	[nɔmer]
recente	**керла**	[kerl]
manchete (f)	**корта**	[kɔrt]
pequeno artigo (m)	**билгало**	[bɪlgalɔ]
coluna (~ semanal)	**рубрика**	[rubrɪk]
artigo (m)	**статья**	[statj]
página (f)	**агlо**	['aɣɔ]
reportagem (f)	**репортаж**	[repɔrtaʒ]
evento (m)	**хилларг**	[hɪllarg]
sensação (f)	**сенсаци**	[sensatsɪ]
escândalo (m)	**дов**	[dɔv]
escandaloso	**девне**	[devne]
grande	**чlогlа**	[ʧ'ɔɣ]
programa (m) de TV	**передача**	[peredaʧ]
entrevista (f)	**интервью**	[ɪntervjʉ]

transmissão (f) em direto	**дуьххьал трансляци**	[dʉhal transljatsɪ]
canal (m)	**канал**	[kanal]

102. Agricultura

agricultura (f)	**юртан бахам**	[jurtan baham]
camponês (m)	**ахархо**	[aharhɔ]
camponesa (f)	**ахархо**	[aharhɔ]
agricultor (m)	**фермер**	[fermer]
trator (m)	**трактор**	[traktɔr]
ceifeira-debulhadora (f)	**комбайн**	[kɔmbajn]
arado (m)	**гота**	[gɔt]
arar (vt)	**аха**	[ah]
campo (m) lavrado	**охана**	[ɔhan]
rego (m)	**харш**	[harʃ]
semear (vt)	**ден**	[den]
semeadora (f)	**хlутосург**	[h'utɔsurg]
semeadura (f)	**дlадер**	[d'ader]
gadanha (f)	**мангал**	[mangal]
gadanhar (vt)	**мангал хьакха**	[mangal haq]
pá (f)	**бел**	[bel]
cavar (vt)	**ахка**	[ahk]
enxada (f)	**метиг**	[metɪg]
carpir (vt)	**асар дан**	[asar dan]
erva (f) daninha	**асар**	[asar]
regador (m)	**хитухург**	[hɪtuhurg]
regar (vt)	**хи тоха**	[hɪ tɔh]
rega (f)	**хи тохар**	[hɪ tɔhar]
forquilha (f)	**шада**	[ʃad]
ancinho (m)	**кагтуха**	[kagtuh]
fertilizante (m)	**удобрени**	[udɔbrenɪ]
fertilizar (vt)	**удобрени тасар**	[udɔbrenɪ tasar]
estrume (m)	**кхелли**	[qellɪ]
campo (m)	**аре**	[are]
prado (m)	**бай**	[baj]
horta (f)	**хасбеш**	[hasbeʃ]
pomar (m)	**хасбеш**	[hasbeʃ]
pastar (vt)	**дажо**	[daʒɔ]
pastor (m)	**lу**	['u]
pastagem (f)	**дежийла**	[deʒɪ:l]
pecuária (f)	**даьхнилелор**	[dæhnɪlelɔr]
criação (f) de ovelhas	**жалелор**	[ʒalelɔr]

plantação (f)	**плантаци**	[plantatsɪ]
canteiro (m)	**хесалг**	[hesalg]
invernadouro (m)	**парник**	[parnɪk]
seca (f)	**йокъо**	[joqʔɔ]
seco (verão ~)	**йокъо хlутту**	[joqʔɔ huttu]
cereais (m pl)	**буьртиган**	[bʉrtɪgan]
colher (vt)	**буьртигаш долу**	[bʉrtɪgaʃ dɔlu]
moleiro (m)	**хьархо**	[harhɔ]
moinho (m)	**хьера**	[her]
moer (vt)	**ахьа**	[ah]
farinha (f)	**дама**	[dam]
palha (f)	**ча**	[ʧ]

103. Construção. Processo de construção

canteiro (m) de obras	**гlишлош йойла**	[ɣɪʃlɔʃ jojl]
construir (vt)	**дан**	[dan]
construtor (m)	**гlишлошъярхо**	[ɣɪʃlɔʃʔjarhɔ]
projeto (m)	**проект**	[prɔekt]
arquiteto (m)	**архитектор**	[arhɪtektɔr]
operário (m)	**белхало**	[belhalɔ]
fundação (f)	**бух**	[buh]
telhado (m)	**тхов**	[thov]
estaca (f)	**бlогlам**	[b'ɔɣam]
parede (f)	**пен**	[pen]
varões (m pl) para betão	**арматура**	[armatur]
andaime (m)	**гlоьнан ламеш**	[ɣønan lameʃ]
betão (m)	**бетон**	[betɔn]
granito (m)	**гранит**	[granɪt]
pedra (f)	**тlулг**	[t'ulg]
tijolo (m)	**кибарчиг**	[kɪbarʧɪg]
areia (f)	**гlум**	[ɣum]
cimento (m)	**цемент**	[ʦement]
emboço (m)	**хьахар**	[hahar]
emboçar (vt)	**хьаха**	[hah]
tinta (f)	**басар**	[basar]
pintar (vt)	**басар хьакха**	[basar haq]
barril (m)	**боьшка**	[bøʃk]
grua (f), guindaste (m)	**чlинт**	[ʧ'ɪnt]
erguer (vt)	**хьалаайар**	[hala'ajar]
baixar (vt)	**дlахеца**	[d'aheʦ]
buldózer (m)	**бульдозер**	[buljdɔzer]
escavadora (f)	**экскаватор**	[ɛkskavatɔr]

caçamba (f)	**кхимар**	[qɪmɑr]
escavar (vt)	**ахка**	[ɑhk]
capacete (m) de proteção	**каска**	[kɑsk]

Profissões e ocupações

104. Procura de emprego. Demissão

trabalho (m)	**болх**	[bɔlh]
equipa (f)	**штат**	[ʃtɑt]
carreira (f)	**карьера**	[kɑrjer]
perspetivas (f pl)	**перспектива**	[perspektɪv]
mestria (f)	**говзалла**	[gɔvzɑll]
seleção (f)	**харжар**	[harʒɑr]
agência (f) de emprego	**кадрашха агенталла**	[kɑdrɑʃha ɑgentɑll]
CV, currículo (m)	**резюме**	[rezʉme]
entrevista (f) de emprego	**къамел дар**	[qʔɑmel dɑr]
vaga (f)	**ваканси**	[vɑkɑnsɪ]
salário (m)	**алапа**	[ɑlɑp]
salário (m) fixo	**алапа**	[ɑlɑp]
pagamento (m)	**алапа далар**	[ɑlɑp dɑlɑr]
posto (m)	**гӀуллакх**	[ɣullɑq]
dever (do empregado)	**декхар**	[deqɑr]
gama (f) de deveres	**нах**	[nɑh]
ocupado	**мукъаза**	[muqʔɑz]
despedir, demitir (vt)	**дӀадаккха**	[d'ɑdɑkq]
demissão (f)	**дӀадаккхар**	[d'ɑdɑkqɑr]
desemprego (m)	**белхазалла**	[belhɑzɑll]
desempregado (m)	**белхазхо**	[belhɑzho]
reforma (f)	**пенси**	[pensɪ]
reformar-se	**пенси ваха**	[pensɪ vɑh]

105. Gente de negócios

diretor (m)	**директор**	[dɪrektɔr]
gerente (m)	**урхалхо**	[urhɑlho]
patrão, chefe (m)	**куьйгалхо, шеф**	[kʉjgɑlho], [ʃəf]
superior (m)	**хьаькам**	[hækɑm]
superiores (m pl)	**хьаькамаш**	[hækɑmɑʃ]
presidente (m)	**паччахь**	[pɑʧɑh]
presidente (m) de direção	**председатель**	[predsedɑtelj]
substituto (m)	**когаметтаниг**	[kɔgɑmettɑnɪg]
assistente (m)	**гӀоьнча**	[ɣøntʃ]
secretário (m)	**секретарь**	[sekretɑrʲ]

secretário (m) pessoal	**долахь волу секретарь**	[dɔlah vɔlu sekretarʲ]
homem (m) de negócios	**бизнесхо**	[bɪznesho]
empresário (m)	**хьуьнарча**	[hʉnartʃ]
fundador (m)	**диллинарг**	[dɪllɪnarg]
fundar (vt)	**дилла**	[dɪll]
fundador, sócio (m)	**кхоллархо**	[qɔllarhɔ]
parceiro, sócio (m)	**декъашхо**	[deqʔaʃho]
acionista (m)	**акци ерг**	[aktsɪ erg]
milionário (m)	**миллионхо**	[mɪllɪɔnho]
bilionário (m)	**миллиардхо**	[mɪllɪardho]
proprietário (m)	**да**	[d]
proprietário (m) de terras	**латтада**	[lættad]
cliente (m)	**клиент**	[klɪent]
cliente (m) habitual	**даимлера клиент**	[daɪmler klɪent]
comprador (m)	**эцархо**	[ɛtsarhɔ]
visitante (m)	**оьхург**	[øhurg]
profissional (m)	**говзанча**	[gɔvzantʃ]
perito (m)	**эксперт**	[ɛkspert]
especialista (m)	**говзанча**	[gɔvzantʃ]
banqueiro (m)	**банкир**	[bankɪr]
corretor (m)	**брокер**	[brɔker]
caixa (m, f)	**кассир**	[kassɪr]
contabilista (m)	**бухгалтер**	[buhgalter]
guarda (m)	**хехо**	[heho]
investidor (m)	**инвестор**	[ɪnwestɔr]
devedor (m)	**декхархо**	[deqarhɔ]
credor (m)	**кредитор**	[kredɪtɔr]
mutuário (m)	**декхархо**	[deqarhɔ]
importador (m)	**импортхо**	[ɪmpɔrtho]
exportador (m)	**экспортхо**	[ɛkspɔrtho]
produtor (m)	**арахоьцург**	[arahøtsurg]
distribuidor (m)	**дистрибьютор**	[dɪstrɪbjʉtɔr]
intermediário (m)	**юкъарлонча**	[juqʔarlɔntʃ]
consultor (m)	**консультант**	[kɔnsuljtant]
representante (m)	**векал**	[wekal]
agente (m)	**агент**	[agent]
agente (m) de seguros	**страховкин агент**	[strahovkɪn agent]

106. Profissões de serviços

cozinheiro (m)	**кхачанхо**	[qatʃanho]
cozinheiro chefe (m)	**шеф-кхачанхо**	[ʃəf qatʃanho]
padeiro (m)	**пурнхо**	[purnho]
barman (m)	**бармен**	[barmen]

empregado (m) de mesa	**официант**	[ɔfɪʦɪant]
empregada (f) de mesa	**официантка**	[ɔfɪʦɪantk]
advogado (m)	**хьехамча**	[hehamʧ]
jurista (m)	**юрист**	[jurɪst]
notário (m)	**нотариус**	[nɔtarɪus]
eletricista (m)	**монтер**	[mɔnter]
canalizador (m)	**сантехник**	[santehnɪk]
carpinteiro (m)	**дечиг-пхьар**	[deʧɪg phar]
massagista (m)	**массажхо**	[massaʒho]
massagista (f)	**массажхо**	[massaʒho]
médico (m)	**лор**	[lɔr]
taxista (m)	**таксист**	[taksɪst]
condutor (automobilista)	**шофер**	[ʃɔfer]
entregador (m)	**курьер**	[kurjer]
camareira (f)	**хӀусамча**	[h'usamʧ]
guarda (m)	**хехо**	[heho]
hospedeira (f) de bordo	**стюардесса**	[stʉardess]
professor (m)	**хьехархо**	[heharhɔ]
bibliotecário (m)	**библиотекахо**	[bɪblɪɔtekaho]
tradutor (m)	**талмаж**	[talmaʒ]
intérprete (m)	**талмаж**	[talmaʒ]
guia (pessoa)	**гид**	[gɪd]
cabeleireiro (m)	**парикмахер**	[parɪkmaher]
carteiro (m)	**почтальон**	[pɔʧtaljˀɔn]
vendedor (m)	**йохкархо**	[johkarhɔ]
jardineiro (m)	**бешахо**	[beʃaho]
criado (m)	**ялхо**	[jalho]
criada (f)	**ялхо**	[jalho]
empregada (f) de limpeza	**цӀанонча**	[ʦ'anɔnʧ]

107. Profissões militares e postos

soldado (m) raso	**могӀарера**	[mɔɣarer]
sargento (m)	**сержант**	[serʒant]
tenente (m)	**лейтенант**	[lɔjtɵnant]
capitão (m)	**капитан**	[kapɪtan]
major (m)	**майор**	[major]
coronel (m)	**полковник**	[pɔlkɔvnɪk]
general (m)	**инарла**	[ɪnarl]
marechal (m)	**маршал**	[marʃal]
almirante (m)	**адмирал**	[admɪral]
militar (m)	**тӀеман**	[t'eman]
soldado (m)	**салти**	[saltɪ]
oficial (m)	**эпсар**	[ɛpsar]

comandante (m)	**командир**	[kɔmandɪr]
guarda (m) fronteiriço	**дозанхо**	[dɔzanho]
operador (m) de rádio	**радиохаамхо**	[radɪɔha'amho]
explorador (m)	**талламхо**	[tallamho]
sapador (m)	**сапёр**	[sapʲor]
atirador (m)	**кхоссархо**	[qɔssarhɔ]
navegador (m)	**штурман**	[ʃturman]

108. Oficiais. Padres

rei (m)	**паччахь**	[patʃah]
rainha (f)	**зуда-паччахь**	[zud patʃah]
príncipe (m)	**принц**	[prɪnts]
princesa (f)	**принцесса**	[prɪntsess]
czar (m)	**паччахь**	[patʃah]
czarina (f)	**зуда-паччахь**	[zud patʃah]
presidente (m)	**паччахь**	[patʃah]
ministro (m)	**министр**	[mɪnɪstr]
primeiro-ministro (m)	**примьер-министр**	[prɪmjer mɪnɪstr]
senador (m)	**сенатхо**	[senatho]
diplomata (m)	**дипломат**	[dɪplɔmat]
cônsul (m)	**консул**	[kɔnsul]
embaixador (m)	**векал**	[wekal]
conselheiro (m)	**хьехамча**	[hehamtʃ]
funcionário (m)	**чиновник**	[tʃɪnɔvnɪk]
prefeito (m)	**префект**	[prefekt]
Presidente (m) da Câmara	**мэр**	[mɛr]
juiz (m)	**суьдхо**	[sʉdho]
procurador (m)	**прокурор**	[prɔkurɔr]
missionário (m)	**миссионер**	[mɪssɪɔner]
monge (m)	**монах**	[mɔnah]
abade (m)	**аббат**	[abbat]
rabino (m)	**равин**	[rawɪn]
vizir (m)	**визирь**	[wɪzɪrʲ]
xá (m)	**шах**	[ʃah]
xeque (m)	**шайх**	[ʃajh]

109. Profissões agrícolas

apicultor (m)	**накхарамозийлелорхо**	[naqaramɔzɪ:lelɔrhɔ]
pastor (m)	**lу**	['u]
agrónomo (m)	**агроном**	[agrɔnɔm]
criador (m) de gado	**даьхнийлелорхо**	[dæhnɪ:lelɔrhɔ]
veterinário (m)	**ветеринар**	[weterɪnar]

agricultor (m) **фермер** [fermer]
vinicultor (m) **чагӀардоккхург** [ʧaɣardɔkqurg]
zoólogo (m) **зоолог** [zo'olɔg]
cowboy (m) **ковбой** [kɔvbɔj]

110. Profissões artísticas

ator (m) **актёр** [aktʲor]
atriz (f) **актриса** [aktrɪs]

cantor (m) **эшархо** [ɛʃarhɔ]
cantora (f) **эшархо** [ɛʃarhɔ]

bailarino (m) **хелхархо** [helharhɔ]
bailarina (f) **хелхархо** [helharhɔ]

artista (m) **артист** [artɪst]
artista (f) **артист** [artɪst]

músico (m) **музыкант** [muzɪkant]
pianista (m) **пианист** [pɪanɪst]
guitarrista (m) **гитарча** [gɪtarʧ]

maestro (m) **дирижёр** [dɪrɪʒor]
compositor (m) **композитор** [kɔmpɔzɪtɔr]
empresário (m) **импресарио** [ɪmpresarɪɔ]

realizador (m) **режиссёр** [reʒɪsʲor]
produtor (m) **продюсер** [prɔdʉser]
argumentista (m) **сценарихо** [sʦenarɪho]
crítico (m) **критик** [krɪtɪk]

escritor (m) **яздархо** [jazdarhɔ]
poeta (m) **илланча** [ɪllanʧ]
escultor (m) **скульптор** [skuljptɔr]
pintor (m) **исбаьхьалча** [ɪsbæhalʧ]

malabarista (m) **жонглёр** [ʒɔnglʲor]
palhaço (m) **жухарг** [ʒuharg]
acrobata (m) **пелхьо** [pelhɔ]
mágico (m) **бозбуунча** [bɔzbu'unʧ]

111. Várias profissões

médico (m) **лор** [lɔr]
enfermeira (f) **лорйиша** [lɔrjiʃ]
psiquiatra (m) **психиатр** [psɪhɪatr]
estomatologista (m) **цергийн лор** [ʦergɪjn lɔr]
cirurgião (m) **хирург** [hɪrurg]

astronauta (m) **астронавт** [astrɔnavt]
astrónomo (m) **астроном** [astrɔnɔm]

piloto (m)	**кеманхо**	[kemanho]
motorista (m)	**лелорхо**	[lelɔrhɔ]
maquinista (m)	**машинхо**	[maʃɪnho]
mecânico (m)	**механик**	[mehanɪk]
mineiro (m)	**кlорабаккхархо**	[k'ɔrabakqarhɔ]
operário (m)	**белхало**	[belhalɔ]
serralheiro (m)	**слесарь**	[slesarʲ]
marceneiro (m)	**дечка пхьар**	[detʃk phar]
torneiro (m)	**токарь**	[tɔkarʲ]
construtor (m)	**гlишлошъярхо**	[ɣɪʃlɔʃʔjarhɔ]
soldador (m)	**латорхо**	[latɔrhɔ]
professor (m) catedrático	**профессор**	[prɔfessɔr]
arquiteto (m)	**архитектор**	[arhɪtektɔr]
historiador (m)	**историк**	[ɪstɔrɪk]
cientista (m)	**дешна**	[deʃn]
físico (m)	**физик**	[fɪzɪk]
químico (m)	**химик**	[hɪmɪk]
arqueólogo (m)	**археолог**	[arheolɔg]
geólogo (m)	**геолог**	[geɔlɔg]
pesquisador (cientista)	**талламхо**	[tallamho]
babysitter (f)	**баба**	[bab]
professor (m)	**хьехархо**	[heharhɔ]
redator (m)	**редактор**	[redaktɔr]
redator-chefe (m)	**коьрта редактор**	[kørt redaktɔr]
correspondente (m)	**корреспондент**	[kɔrrespɔndent]
datilógrafa (f)	**машинхо**	[maʃɪnho]
designer (m)	**дизайнер**	[dɪzajner]
especialista (m) em informática	**компьютерхо**	[kɔmpjʉterhɔ]
programador (m)	**программист**	[prɔgrammɪst]
engenheiro (m)	**инженер**	[ɪnʒener]
marujo (m)	**хlордахо**	[h'ɔrdaho]
marinheiro (m)	**хlордахо**	[h'ɔrdaho]
salvador (m)	**кlелхьардакххархо**	[k'elhardaqharhɔ]
bombeiro (m)	**цlе йойу**	[ʦ'e joju]
polícia (m)	**полици**	[pɔlɪʦɪ]
guarda-noturno (m)	**хехо**	[heho]
detetive (m)	**лахарча**	[lahartʃ]
funcionário (m) da alfândega	**таможхо**	[tamɔʒho]
guarda-costas (m)	**ларвархо**	[larvarhɔ]
guarda (m) prisional	**набахтхо**	[nabahtho]
inspetor (m)	**инспектор**	[ɪnspektɔr]
desportista (m)	**спортхо**	[spɔrtho]
treinador (m)	**тренер**	[trener]
talhante (m)	**хасапхо**	[hasapho]
sapateiro (m)	**эткийн пхьар**	[ɛtkɪ:n phar]

comerciante (m)	**совдегар**	[sɔvdegɑr]
carregador (m)	**киранча**	[kɪrɑnʧ]
estilista (m)	**модельхо**	[mɔdeljho]
modelo (f)	**модель**	[mɔdelj]

112. Ocupações. Estatuto social

aluno, escolar (m)	**школахо**	[ʃkɔlɑho]
estudante (~ universitária)	**студент**	[student]
filósofo (m)	**философ**	[fɪlɔsɔf]
economista (m)	**экономист**	[ɛkɔnɔmɪst]
inventor (m)	**кхоллархо**	[qɔllɑrhɔ]
desempregado (m)	**белхазхо**	[belhazho]
reformado (m)	**пенсионер**	[pensɪɔner]
espião (m)	**шпион**	[ʃpɪɔn]
preso (m)	**лаьцна стаг**	[læʦn stɑg]
grevista (m)	**забастовкахо**	[zɑbɑstɔvkɑho]
burocrata (m)	**бюрократ**	[bʉrɔkrɑt]
viajante (m)	**некъахо**	[neqʔɑho]
homossexual (m)	**гомосексуализмхо**	[gɔmɔseksuɑlɪzmho]
hacker (m)	**хакер**	[haker]
bandido (m)	**талорхо**	[tɑlɔrhɔ]
assassino (m) a soldo	**йолах дийнарг**	[jolah dɪːnɑrg]
toxicodependente (m)	**наркоман**	[nɑrkɔmɑn]
traficante (m)	**наркотикаш йохкархо**	[nɑrkɔtɪkɑʃ johkɑrhɔ]
prostituta (f)	**кхахьпа**	[qɑhp]
chulo (m)	**сутенёр**	[sutenʲor]
bruxo (m)	**холмачхо**	[holmɑʧho]
bruxa (f)	**холмачхо**	[holmɑʧho]
pirata (m)	**пират**	[pɪrɑt]
escravo (m)	**лай**	[lɑj]
samurai (m)	**самурай**	[sɑmurɑj]
selvagem (m)	**акха адам**	[ɑq ɑdɑm]

Desportos

113. Tipos de desportos. Desportistas

desportista (m)	**спортхо**	[spɔrtho]
tipo (m) de desporto	**спортан кеп**	[spɔrtɑn kep]
basquetebol (m)	**баскетбол**	[bɑsketbɔl]
jogador (m) de basquetebol	**баскетболхо**	[bɑsketbɔlho]
beisebol (m)	**бейсбол**	[bejsbɔl]
jogador (m) de beisebol	**бейсболхо**	[bejsbɔlho]
futebol (m)	**футбол**	[futbɔl]
futebolista (m)	**футболхо**	[futbɔlho]
guarda-redes (m)	**кевнахо**	[kevnɑho]
hóquei (m)	**хоккей**	[hokkej]
jogador (m) de hóquei	**хоккейхо**	[hokkejho]
voleibol (m)	**волейбол**	[vɔlejbɔl]
jogador (m) de voleibol	**волейболхо**	[vɔlejbɔlho]
boxe (m)	**бокс**	[bɔks]
boxeador, pugilista (m)	**боксёр**	[bɔksʲor]
luta (f)	**латар**	[lɑtɑr]
lutador (m)	**латархо**	[lɑtɑrhɔ]
karaté (m)	**карате**	[kɑrɑte]
karateca (m)	**каратист**	[kɑrɑtɪst]
judo (m)	**дзюдо**	[ʤʉdɔ]
judoca (m)	**дзюдоист**	[ʤʉdɔɪst]
ténis (m)	**теннис**	[tenɪs]
tenista (m)	**теннисхо**	[tenɪsho]
natação (f)	**нека**	[nek]
nadador (m)	**неканча**	[nekɑnʧ]
esgrima (f)	**фехтовани**	[fehtɔvɑnɪ]
esgrimista (m)	**фехтовальщик**	[fehtɔvɑljɕɪk]
xadrez (m)	**шахматаш**	[ʃɑhmɑtɑʃ]
xadrezista (m)	**шахматхо**	[ʃɑhmɑtho]
alpinismo (m)	**альпинизм**	[ɑljpɪnɪzm]
alpinista (m)	**альпинист**	[ɑljpɪnɪst]
corrida (f)	**дадар**	[dɑdɑr]

corredor (m)	**идархо**	[ɪdɑrhɔ]
atletismo (m)	**яйн атлетика**	[jɑjn ɑtletɪk]
atleta (m)	**атлет**	[ɑtlet]
hipismo (m)	**говрийн спорт**	[gɔvrɪ:n spɔrt]
cavaleiro (m)	**бере**	[bere]
patinagem (f) artística	**куьцара хеххар**	[kʉʦɑr hehkɑr]
patinador (m)	**фигурахо**	[fɪgurɑho]
patinadora (f)	**фигурахо**	[fɪgurɑho]
halterofilismo (m)	**еза атлетика**	[ez ɑtletɪk]
corrida (f) de carros	**автомобилаш хахкар**	[ɑvtɔmɔbɪlɑʃ hahkɑr]
piloto (m)	**хахкархо**	[hahkɑrhɔ]
ciclismo (m)	**вилиспетан спорт**	[wɪlɪspetɑn spɔrt]
ciclista (m)	**вилиспетхо**	[wɪlɪspetho]
salto (m) em comprimento	**дохалла кхийссаваларш**	[dɔhall qɪ:ssɑvɑlɑrʃ]
salto (m) à vara	**хьокханца кхоссавалар**	[hɔqɑnʦ qɔssɑvɑlɑr]
atleta (m) de saltos	**кхоссаваларх о**	[qɔssɑvɑlɑrhɔ]

114. Tipos de desportos. Diversos

futebol (m) americano	**америкин футбол**	[ɑmerɪkɪn futbɔl]
badminton (m)	**бадминтон**	[bɑdmɪntɔn]
biatlo (m)	**биатлон**	[bɪɑtlɔn]
bilhar (m)	**биллиард**	[bɪllɪɑrd]
bobsled (m)	**бобслей**	[bɔbslej]
musculação (f)	**бодибилдинг**	[bɔdɪbɪldɪng]
polo (m) aquático	**хин поло**	[hɪn pɔlɔ]
andebol (m)	**гандбол**	[gɑndbɔl]
golfe (m)	**гольф**	[gɔljf]
remo (m)	**пийсиг хьакхар**	[pɪ:sɪg hɑqɑr]
mergulho (m)	**дайвинг**	[dɑjwɪng]
corrida (f) de esqui	**лыжийн хахкар**	[lɪʒɪ:n hahkɑr]
ténis (m) de mesa	**стоьлан тенис**	[stølɑn tenɪs]
vela (f)	**гатанан спорт**	[gɑtɑnɑn spɔrt]
rali (m)	**ралли**	[rɑllɪ]
râguebi (m)	**регби**	[regbɪ]
snowboard (m)	**сноуборд**	[snɔubɔrd]
tiro (m) com arco	**секхIад кхоссар**	[sekh'ɑd qɔssɑr]

115. Ginásio

barra (f)	**штанга**	[ʃtɑng]
halteres (m pl)	**гантелаш**	[gɑntelɑʃ]
aparelho (m) de musculaçao	**тренажёр**	[trenɑʒor]
bicicleta (f) ergométrica	**вилиспетан тренажёр**	[wɪlɪspetɑn trenɑʒor]

passadeira (f) de corrida	**бовду некъ**	[bɔvdu neqʔ]
barra (f) fixa	**васхал**	[vashal]
barras (f) paralelas	**брусаш**	[brusaʃ]
cavalo (m)	**конь**	[kɔnj]
tapete (m) de ginástica	**мат**	[mat]
aeróbica (f)	**аэробика**	[aərɔbɪk]
ioga (f)	**йогалла**	[jogall]

116. Desportos. Diversos

Jogos (m pl) Olímpicos	**олимпан ловзараш**	[ɔlɪmpan lɔvzaraʃ]
vencedor (m)	**толамхо**	[tɔlamho]
vencer (vi)	**эшо**	[ɛʃɔ]
vencer, ganhar (vi)	**тола**	[tɔl]
líder (m)	**лидер**	[lɪder]
liderar (vt)	**лидер хила**	[lɪder hɪl]
primeiro lugar (m)	**хьалхара меттиг**	[halhar mettɪg]
segundo lugar (m)	**шолгlа меттиг**	[ʃɔlɣ mettɪg]
terceiro lugar (m)	**кхоалгlа меттиг**	[qɔalɣ mettɪg]
medalha (f)	**мидал**	[mɪdal]
troféu (m)	**хlонс**	[h'ɔns]
taça (f)	**кубок**	[kubɔk]
prémio (m)	**совгlат**	[sɔvɣat]
prémio (m) principal	**коьрта совгlат**	[kørt sɔvɣat]
recorde (m)	**рекорд**	[rekɔrd]
estabelecer um recorde	**рекорд хlотто**	[rekɔrd h'ɔttɔ]
final (m)	**финал**	[fɪnal]
final	**финалан**	[fɪnalan]
campeão (m)	**тоьлларг**	[tøllarg]
campeonato (m)	**чемпионат**	[ʧempɪɔnat]
estádio (m)	**стадион**	[stadɪɔn]
bancadas (f pl)	**трибуна**	[trɪbun]
fã, adepto (m)	**фан, хьажархо**	[fan], [haʒarhɔ]
adversário (m)	**мостагl**	[mɔstaɣ]
partida (f)	**старт**	[start]
chegada, meta (f)	**финиш**	[fɪnɪʃ]
derrota (f)	**эшор**	[ɛʃɔr]
perder (vt)	**эша**	[ɛʃ]
árbitro (m)	**суьдхо**	[sʉdho]
júri (m)	**жюри**	[ʒʉrɪ]
resultado (m)	**счёт**	[sʧot]
empate (m)	**ничья**	[nɪʧj]
empatar (vi)	**ничьях ловза**	[nɪʧjah lɔvz]

ponto (m)	**очко**	[ɔʧkɔ]
resultado (m) final	**хилам**	[hɪlam]
intervalo (m)	**садаlар**	[sada'ar]
doping (m)	**допинг**	[dɔpɪng]
penalizar (vt)	**гlуда тоха**	[ɣud tɔh]
desqualificar (vt)	**дисквалификаци ян**	[dɪskvalɪfɪkaʦɪ jan]
aparelho (m)	**гlирс**	[ɣɪrs]
dardo (m)	**гоьмукъ**	[gømuqʔ]
peso (m)	**хlоъ**	[h'ɔʔ]
bola (f)	**горгал**	[gɔrgal]
alvo, objetivo (m)	**lалашо**	['alaʃɔ]
alvo (~ de papel)	**гlакх**	[ɣaq]
atirar, disparar (vi)	**кхийса**	[qɪ:s]
preciso (tiro ~)	**нийса**	[nɪ:s]
treinador (m)	**тренер**	[trener]
treinar (vt)	**lамо**	['amɔ]
treinar-se (vr)	**lама**	['am]
treino (m)	**lамор**	['amɔr]
ginásio (m)	**спортзал**	[spɔrtzal]
exercício (m)	**упражнени**	[upraʒnenɪ]
aquecimento (m)	**дегl хецадалийтар**	[deɣ heʦadalɪ:tar]

Educação

117. Escola

escola (f)	**школа**	[ʃkɔl]
diretor (m) de escola	**директор**	[dɪrektɔr]
aluno (m)	**дешархо**	[deʃarhɔ]
aluna (f)	**дешархо**	[deʃarhɔ]
escolar (m)	**школахо**	[ʃkɔlaho]
escolar (f)	**школахо**	[ʃkɔlaho]
ensinar (vt)	**хьеха**	[heh']
aprender (vt)	**Іамо**	['amɔ]
aprender de cor	**дагахь Іамо**	[dagah 'amɔ]
estudar (vi)	**Іама**	['am]
andar na escola	**Іама**	['am]
ir à escola	**школе ваха**	[ʃkɔle vah]
alfabeto (m)	**абат**	[abat]
disciplina (f)	**предмет**	[predmet]
sala (f) de aula	**класс**	[klass]
lição (f)	**урок**	[urɔk]
toque (m)	**горгали**	[gɔrgalɪ]
carteira (f)	**парта**	[part]
quadro (m) negro	**классан у**	[klassan u]
nota (f)	**отметка**	[ɔtmetk]
boa nota (f)	**дика отметка**	[dɪk ɔtmetk]
nota (f) baixa	**вон отметка**	[vɔn ɔtmetk]
dar uma nota	**отметка хІотто**	[ɔtmetk h'ɔttɔ]
erro (m)	**гІалат**	[ɣalat]
fazer erros	**гІалат дан**	[ɣalat dan]
corrigir (vt)	**нисдан**	[nɪsdan]
cábula (f)	**шпаргалка**	[ʃpargalk]
dever (m) de casa	**цІера тІедиллар**	[ʦ'er t'edɪllar]
exercício (m)	**упражнени**	[upraʒnenɪ]
estar presente	**хила**	[hɪl]
estar ausente	**ца хила**	[ʦa hɪl]
punir (vt)	**таІзар дан**	[ta'zar dan]
punição (f)	**таІзар**	[ta'zar]
comportamento (m)	**лелар**	[lelar]
boletim (m) escolar	**дневник**	[dnevnɪk]
lápis (m)	**къолам**	[qʔɔlam]

borracha (f)	**лаьстиг**	[læstɪg]
giz (m)	**мел**	[mel]
estojo (m)	**гӀутакх**	[ɣutaq]
pasta (f) escolar	**портфель**	[pɔrtfelj]
caneta (f)	**ручка**	[rutʃk]
caderno (m)	**тетрадь**	[tetradʲ]
manual (m) escolar	**учебник**	[utʃebnɪk]
compasso (m)	**циркуль**	[tsɪrkulj]
traçar (vt)	**дилла**	[dɪll]
desenho (m) técnico	**чертёж**	[tʃertʲoʒ]
poesia (f)	**байт**	[bajt]
de cor	**дагахь**	[dagah]
aprender de cor	**дагахь Ӏамо**	[dagah 'amɔ]
férias (f pl)	**каникулаш**	[kanɪkulaʃ]
estar de férias	**каникулашт хилар**	[kanɪkulaʃt hɪlar]
teste (m)	**талламан болх**	[tallaman bɔlh]
composição, redação (f)	**сочинени**	[sɔtʃɪnenɪ]
ditado (m)	**диктант**	[dɪktant]
exame (m)	**экзамен**	[ɛkzamen]
fazer exame	**экзамен дӀаялар**	[ɛkzamen d'ajalar]
experiência (~ química)	**гӀулч**	[ɣultʃ]

118. Colégio. Universidade

academia (f)	**академи**	[akademɪ]
universidade (f)	**университет**	[unɪwersɪtet]
faculdade (f)	**факультет**	[fakuljtet]
estudante (m)	**студент**	[student]
estudante (f)	**студентка**	[studentk]
professor (m)	**хьехархо**	[heharhɔ]
sala (f) de palestras	**аудитори**	[audɪtɔrɪ]
graduado (m)	**дешна ваьлларг**	[deʃn vællarg]
diploma (m)	**диплом**	[dɪplɔm]
tese (f)	**диссертаци**	[dɪssertatsɪ]
estudo (obra)	**таллар**	[tallar]
laboratório (m)	**лаборатори**	[labɔratɔrɪ]
palestra (f)	**лекци**	[lektsɪ]
colega (m) de curso	**курсахо**	[kursaho]
bolsa (f) de estudos	**стипенди**	[stɪpendɪ]
grau (m) académico	**Ӏилманан дарж**	['ɪlmanan darʒ]

119. Ciências. Disciplinas

matemática (f)	**математика**	[matematɪk]
álgebra (f)	**алгебра**	[algebr]

geometria (f)	**геометри**	[geɔmetrɪ]
astronomia (f)	**астрономи**	[ɑstrɔnɔmɪ]
biologia (f)	**биологи**	[bɪɔlɔgɪ]
geografia (f)	**географи**	[geɔgrɑfɪ]
geologia (f)	**геологи**	[geɔlɔgɪ]
história (f)	**истори**	[ɪstɔrɪ]
medicina (f)	**медицина**	[medɪʦɪn]
pedagogia (f)	**педагогика**	[pedɑgɔgɪk]
direito (m)	**бакъо**	[bɑqʔɔ]
física (f)	**физика**	[fɪzɪk]
química (f)	**хими**	[hɪmɪ]
filosofia (f)	**философи**	[fɪlɔsɔfɪ]
psicologia (f)	**психологи**	[psɪholɔgɪ]

120. Sistema de escrita. Ortografia

gramática (f)	**грамматика**	[grɑmmɑtɪk]
vocabulário (m)	**лексика**	[leksɪk]
fonética (f)	**фонетика**	[fɔnetɪk]
substantivo (m)	**цӏердош**	[ʦ'erdɔʃ]
adjetivo (m)	**билгалдош**	[bɪlgɑldɔʃ]
verbo (m)	**хандош**	[handɔʃ]
advérbio (m)	**куццош**	[kuʦdɔʃ]
pronome (m)	**цӏерметдош**	[ʦ'ermetdɔʃ]
interjeição (f)	**айдардош**	[ɑjdɑrdɔʃ]
preposição (f)	**предлог**	[predlɔg]
raiz (f) da palavra	**дешан орам**	[deʃɑn ɔrɑm]
terminação (f)	**чаккхе**	[ʧɑkqe]
prefixo (m)	**дешхьалхе**	[deʃhɑlhe]
sílaba (f)	**дешдакъа**	[deʃdɑqʔ]
sufixo (m)	**суффикс**	[suffɪks]
acento (m)	**тохар**	[tɔhar]
apóstrofo (m)	**апостроф**	[ɑpɔstrɔf]
ponto (m)	**тӏадам**	[t'ɑdɑm]
vírgula (f)	**цӏоьмалг**	[ʦ'ømɑlg]
ponto e vírgula (m)	**тӏадамца цӏоьмалг**	[t'ɑdɑmʦ ʦ'ømɑlg]
dois pontos (m pl)	**ши тӏадам**	[ʃɪ t'ɑdɑm]
reticências (f pl)	**тӏадамаш**	[t'ɑdɑmɑʃ]
ponto (m) de interrogação	**хаттаран хьаьрк**	[hɑttɑrɑn hærk]
ponto (m) de exclamação	**айдаран хьаьрк**	[ɑjdɑrɑn hærk]
aspas (f pl)	**кавычкаш**	[kɑvɪʧkɑʃ]
entre aspas	**кавычкаш юккъе**	[kɑvɪʧkɑʃ jukqʔe]
parênteses (m pl)	**къовларш**	[qʔɔvlɑrʃ]
entre parênteses	**къовларш юккъе**	[qʔɔvlɑrʃ jukqʔe]
hífen (m)	**сизалг**	[sɪzɑlg]

travessão (m)	**тиз**	[tɪz]
espaço (m)	**юкъ**	[juqʔ]
letra (f)	**элп**	[ɛlp]
letra (f) maiúscula	**доккха элп**	[dɔkq ɛlp]
vogal (f)	**мукъа аз**	[muqʔ ɑz]
consoante (f)	**мукъаза аз**	[muqʔɑz ɑz]
frase (f)	**предложени**	[predlɔʒenɪ]
sujeito (m)	**подлежащи**	[pɔdleʒɑɕɪ]
predicado (m)	**сказуеми**	[skɑzuemɪ]
linha (f)	**моrlа**	[mɔɣ]
em uma nova linha	**керлачу моrlарера**	[kerlɑʧu mɔɣɑrer]
parágrafo (m)	**абзац**	[ɑbzɑʦ]
palavra (f)	**дош**	[dɔʃ]
grupo (m) de palavras	**дешнийн цхьаьнакхетар**	[deʃnɪ:n ʦhænɑqetɑr]
expressão (f)	**алар**	[ɑlɑr]
sinónimo (m)	**синоним**	[sɪnɔnɪm]
antónimo (m)	**антоним**	[ɑntɔnɪm]
regra (f)	**бакъо**	[bɑqʔɔ]
exceção (f)	**юкъарадаккхар**	[juqʔɑrɑdɑkqɑr]
correto	**нийса**	[nɪ:s]
conjugação (f)	**хийцар**	[hɪ:ʦɑr]
declinação (f)	**легар**	[legɑr]
caso (m)	**дожар**	[dɔʒɑr]
pergunta (f)	**хаттар**	[hɑttɑr]
sublinhar (vt)	**билгалдаккха**	[bɪlgɑldɑkq]
linha (f) pontilhada	**пунктир**	[punktɪr]

121. Línguas estrangeiras

língua (f)	**мотт**	[mɔtt]
língua (f) estrangeira	**кхечу мехкийн мотт**	[qeʧu mehkɪ:n mɔtt]
estudar (vt)	**lамо**	['ɑmɔ]
aprender (vt)	**lамо**	['ɑmɔ]
ler (vt)	**еша**	[eʃ]
falar (vi)	**дийца**	[dɪ:ʦ]
compreender (vt)	**кхета**	[qet]
escrever (vt)	**яздан**	[jɑzdɑn]
rapidamente	**сиха**	[sɪh]
devagar	**меллаша**	[mellɑʃ]
fluentemente	**парглат**	[pɑrɣɑt]
regras (f pl)	**бакъонаш**	[bɑqʔɔnɑʃ]
gramática (f)	**грамматика**	[grɑmmɑtɪk]
vocabulário (m)	**лексика**	[leksɪk]
fonética (f)	**фонетика**	[fɔnetɪk]

manual (m) escolar	**учебник**	[uʧebnɪk]
dicionário (m)	**дошам, словарь**	[dɔʃam], [slɔvarʲ]
manual (m) de autoaprendizagem	**Іамалург**	['amalurg]
guia (m) de conversação	**къамелІаморг**	[qʔamel'amɔrg]
cassete (f)	**кассета**	[kasset]
vídeo cassete (m)	**видеокассета**	[wɪdeɔkasset]
CD (m)	**CD**	[sɪdɪ]
DVD (m)	**DVD**	[dɪwɪdɪ]
alfabeto (m)	**алфавит**	[alfawɪt]
soletrar (vt)	**элпашц мотт бийца**	[ɛlpaʃʦ mɔtt bɪ:ʦ]
pronúncia (f)	**алар**	[alar]
sotaque (m)	**акцент**	[akʦent]
com sotaque	**акцент**	[akʦent]
sem sotaque	**акцент ца хила**	[akʦent ʦə hɪl]
palavra (f)	**дош**	[dɔʃ]
sentido (m)	**маьІна**	[mæ'n]
cursos (m pl)	**курсаш**	[kursaʃ]
inscrever-se (vr)	**дІаяздала**	[d'ajazdal]
professor (m)	**хьехархо**	[heharhɔ]
tradução (processo)	**дахьийтар**	[dahɪ:tar]
tradução (texto)	**гоч дар**	[gɔʧ dar]
tradutor (m)	**талмаж**	[talmaʒ]
intérprete (m)	**талмаж**	[talmaʒ]
poliglota (m)	**полиглот**	[pɔlɪglɔt]
memória (f)	**эс**	[ɛs]

122. Personagens de contos de fadas

Pai (m) Natal	**Санта Клаус**	[sant klaus]
sereia (f)	**хи-аьзни**	[hɪ æznɪ]
mago (m)	**бозбуунча**	[bɔzbu'unʧ]
fada (f)	**бозбуунча**	[bɔzbu'unʧ]
mágico	**бозбуунчаллин**	[bɔzbu'unʧallɪn]
varinha (f) mágica	**шайтІанан гІаж**	[ʃajt'anan ɣaʒ]
conto (m) de fadas	**туьйра**	[tʉjr]
milagre (m)	**Іаламат**	['alamat]
anão (m)	**буьйдолг**	[bʉjdɔlg]
transformar-se em …	**дерза**	[derz]
fantasma (m)	**бІарлагІа**	[b'arlaɣ]
espetro (m)	**гІаларт**	[ɣalart]
monstro (m)	**Іаламат**	['alamat]
dragão (m)	**саьрмик**	[særmɪk]
gigante (m)	**дІуьтІа**	[d'jʉt']

123. Signos do Zodíaco

Carneiro	**Овен**	[ɔwen]
Touro	**Телец**	[telets]
Gémeos	**Близнецы**	[blɪznetsı]
Caranguejo	**Рак**	[rɑk]
Leão	**Лев**	[lev]
Virgem (f)	**Дева**	[dev]
Balança	**Весы**	[wesı]
Escorpião	**Скорпион**	[skɔrpɪɔn]
Sagitário	**Стрелец**	[strelets]
Capricórnio	**Козерог**	[kɔzerɔg]
Aquário	**Водолей**	[vɔdɔlej]
Peixes	**Рыбы**	[rıbı]
caráter (m)	**амал**	[ɑmɑl]
traços (m pl) do caráter	**амаллин башхала**	[ɑmɑllɪn bɑʃhal]
comportamento (m)	**лелар**	[lelɑr]
predizer (vt)	**пал тийса**	[pɑl tɪ:s]
adivinha (f)	**палтуьйсург**	[pɑltʉjsurg]
horóscopo (m)	**гороскоп**	[gɔrɔskɔp]

Artes

124. Teatro

teatro (m)	**театр**	[teatr]
ópera (f)	**опера**	[ɔper]
opereta (f)	**оперетта**	[ɔperett]
balé (m)	**балет**	[balet]
cartaz (m)	**афиша**	[afɪʃ]
companhia (f) teatral	**труппа**	[trupp]
turné (digressão)	**гастролаш**	[gastrɔlaʃ]
estar em turné	**гастролаш яла**	[gastrɔlaʃ jal]
ensaiar (vt)	**репетици ян**	[repetɪtsɪ jan]
ensaio (m)	**репетици**	[repetɪtsɪ]
repertório (m)	**репертуар**	[repertuar]
apresentação (f)	**хьожийла**	[hɔʒɪ:l]
espetáculo (m)	**спектакль**	[spektaklj]
peça (f)	**пьеса**	[pjes]
bilhete (m)	**билет**	[bɪlet]
bilheteira (f)	**билетан касса**	[bɪletan kass]
hall (m)	**чоь**	[ʧø]
guarda-roupa (m)	**гардероб**	[garderɔb]
senha (f) numerada	**номер**	[nɔmer]
binóculo (m)	**турмал**	[turmal]
lanterninha (m)	**контролёр**	[kɔntrɔlʲor]
plateia (f)	**партер**	[parter]
balcão (m)	**балкон**	[balkɔn]
primeiro balcão (m)	**бельэтаж**	[beljʲætaʒ]
camarote (m)	**ложа**	[lɔʒ]
fila (f)	**могӏа**	[mɔɣ]
assento (m)	**меттиг**	[mettɪg]
público (m)	**гулбелларш**	[gulbellarʃ]
espetador (m)	**хьажархо**	[haʒarhɔ]
aplaudir (vt)	**тӏараш детта**	[t'araʃ dett]
aplausos (m pl)	**аплодисменташ**	[aplɔdɪsmentaʃ]
ovação (f)	**оваци**	[ɔvatsɪ]
palco (m)	**сцена**	[stsen]
pano (m) de boca	**кирхьа**	[kɪrh]
cenário (m)	**декорации**	[dekɔratsɪ]
bastidores (m pl)	**кулисаш**	[kulɪsaʃ]
cena (f)	**сурт**	[surt]
ato (m)	**дакъа**	[daqʔ]
entreato (m)	**антракт**	[antrakt]

125. Cinema

ator (m)	**актёр**	[aktʲor]
atriz (f)	**актриса**	[aktrɪs]
cinema (m)	**кино**	[kɪnɔ]
episódio (m)	**сери**	[serɪ]
filme (m) policial	**детектив**	[detektɪv]
filme (m) de ação	**боевик**	[bɔewɪk]
filme (m) de aventuras	**хиллачеран фильм**	[hɪllatʃeran fɪljm]
filme (m) de ficção científica	**фонтазин фильм**	[fɔntazɪn fɪljm]
filme (m) de terror	**къематин фильм**	[qʔematɪn fɪljm]
comédia (f)	**кинокомеди**	[kɪnɔkɔmedɪ]
melodrama (m)	**мелодрама**	[melɔdram]
drama (m)	**драма**	[dram]
filme (m) ficcional	**исбаьхьаллин фильм**	[ɪsbæhallɪn fɪljm]
documentário (m)	**бакъдолчуна тӀера фильм**	[baqʔdɔltʃun t'er fɪljm]
desenho (m) animado	**мультфильм**	[muljtfɪljm]
cinema (m) mudo	**аз доцу кино**	[az dɔtsu kɪnɔ]
papel (m)	**роль**	[rɔlj]
papel (m) principal	**коьрта роль**	[kørt rɔlj]
representar (vt)	**лело**	[lelɔ]
estrela (f) de cinema	**кинозвезда**	[kɪnɔzwezd]
conhecido	**гӀарадаьлла**	[ɣaradæll]
famoso	**гӀарадаьлла**	[ɣaradæll]
popular	**гӀраваьлла**	[ɣravæll]
argumento (m)	**сценари**	[stsenarɪ]
argumentista (m)	**сценарихо**	[stsenarɪho]
realizador (m)	**режиссёр**	[reʒɪsʲor]
produtor (m)	**продюсер**	[prɔdʉser]
assistente (m)	**ассистент**	[assɪstent]
diretor (m) de fotografia	**оператор**	[ɔperatɔr]
duplo (m)	**каскадёр**	[kaskadʲor]
filmar (vt)	**фильм яккха**	[fɪljm jakq]
audição (f)	**хьажар**	[haʒar]
filmagem (f)	**яккхар**	[jakqar]
equipe (f) de filmagem	**кино йоккху группа**	[kɪnɔ jokqu grupp]
set (m) de filmagem	**кино йоккху майда**	[kɪnɔ jokqu majd]
câmara (f)	**кинокамера**	[kɪnɔkamer]
cinema (m)	**кинотеатр**	[kɪnɔteatr]
ecrã (m), tela (f)	**экран**	[ɛkran]
exibir um filme	**фильм гайта**	[fɪljm gajt]
pista (f) sonora	**аьзнийн дорожк**	[æznɪːn dɔrɔʒk]
efeitos (m pl) especiais	**леррина эффекташ**	[lerrɪn ɛffektaʃ]
legendas (f pl)	**субтитраш**	[subtɪtraʃ]
crédito (m)	**титраш**	[tɪtraʃ]
tradução (f)	**гоч дар**	[gɔtʃ dar]

126. Pintura

arte (f)	**исбаьхьалла**	[ɪsbæhall]
belas-artes (f pl)	**исбаьхьаллин говзалла**	[ɪsbæhallɪn gɔvzall]
galeria (f) de arte	**галерей**	[galerej]
exposição (f) de arte	**сурташ гайтар**	[surtaʃ gajtar]
pintura (f)	**суьрташ дахкар**	[sʉrtaʃ dahkar]
arte (f) gráfica	**графика**	[grafɪk]
arte (f) abstrata	**абстракционизм**	[abstrakʦɪɔnɪzm]
impressionismo (m)	**импрессионизм**	[ɪmpressɪɔnɪzm]
pintura (f), quadro (m)	**суьрт**	[sʉrt]
desenho (m)	**сурт**	[surt]
cartaz, póster (m)	**плакат**	[plakat]
ilustração (f)	**иллюстраци**	[ɪllʉstraʦɪ]
miniatura (f)	**миниатюра**	[mɪnɪatʉr]
cópia (f)	**копи**	[kɔpɪ]
reprodução (f)	**репродукци**	[reprɔdukʦɪ]
mosaico (m)	**мозаика**	[mɔzaɪk]
vitral (m)	**витраж**	[wɪtraʒ]
fresco (m)	**фреска**	[fresk]
gravura (f)	**огана**	[ɔgan]
busto (m)	**бюст**	[bʉst]
escultura (f)	**скульптура**	[skuljptur]
estátua (f)	**статуя**	[statuj]
gesso (m)	**гипс**	[gɪps]
em gesso	**гипсехь**	[gɪpseh]
retrato (m)	**портрет**	[pɔrtret]
autorretrato (m)	**автопортрет**	[avtɔpɔrtret]
paisagem (f)	**сурт**	[surt]
natureza (f) morta	**натюрморт**	[natʉrmɔrt]
caricatura (f)	**карикатура**	[karɪkatur]
esboço (m)	**сурт**	[surt]
tinta (f)	**басар**	[basar]
aguarela (f)	**акварель**	[akvarelj]
óleo (m)	**даьтта**	[dætt]
lápis (m)	**къолам**	[qʔɔlam]
tinta da China (f)	**шекъа**	[ʃəqʔ]
carvão (m)	**кlора**	[k'ɔr]
desenhar (vt)	**сурт дилла**	[surt dɪll]
pintar (vt)	**сурт дилла**	[surt dɪll]
posar (vi)	**позе хlотта**	[pɔze h'ɔtt]
modelo (m)	**натурахо**	[naturaho]
modelo (f)	**натурахо**	[naturaho]
pintor (m)	**исбаьхьалча**	[ɪsbæhalʧ]
obra (f)	**произведени**	[prɔɪzwedenɪ]
obra-prima (f)	**шедевр**	[ʃədevr]

estúdio (m) **пхьалгlа** [phalɣ]
tela (f) **гата** [gat]
cavalete (m) **мольберт** [mɔljbert]
paleta (f) **палитра** [palɪtr]

moldura (f) **гур** [gur]
restauração (f) **реставраци** [restavratsɪ]
restaurar (vt) **реставраци ян** [restavratsɪ jan]

127. Literatura & Poesia

literatura (f) **литература** [lɪteratur]
autor (m) **автор** [avtɔr]
pseudónimo (m) **псевдоним** [psevdɔnɪm]

livro (m) **книшка** [knɪʃk]
volume (m) **том** [tɔm]
índice (m) **чулацам** [ʧulatsam]
página (f) **агlо** ['aɣɔ]
protagonista (m) **коьрта турпалхо** [kørt turpalho]
autógrafo (m) **автограф** [avtɔgraf]

conto (m) **дийцар** [dɪ:tsar]
novela (f) **повесть** [pɔwestʲ]
romance (m) **роман** [rɔman]
obra (f) **сочинени** [sɔʧɪnenɪ]
fábula (m) **басни** [basnɪ]
romance (m) policial **детектив** [detektɪv]

poesia (obra) **байт** [bajt]
poesia (arte) **поэзи** [pɔɛzɪ]
poema (m) **поэма** [pɔɛm]
poeta (m) **илланча** [ɪllanʧ]

ficção (f) **беллетристика** [belletrɪstɪk]
ficção (f) científica **lилманан фантастика** ['ɪlmanan fantastɪk]
literatura (f) didática **дешаран литература** [deʃaran lɪteratur]
literatura (f) infantil **берийн литература** [berɪ:n lɪteratur]

128. Circo

circo (m) **цирк** [tsɪrk]
circo (m) ambulante **цирк-шапито** [tsɪrk ʃapɪtɔ]
programa (m) **программа** [prɔgramm]
apresentação (f) **хьожийла** [hɔʒɪ:l]

número (m) **номер** [nɔmer]
arena (f) **майда** [majd]

pantomima (f) **пантомима** [pantɔmɪm]
palhaço (m) **жухарг** [ʒuharg]
acrobata (m) **пелхьо** [pelhɔ]

acrobacia (f)	**пелхьолла**	[pelhɔll]
ginasta (m)	**гимнастхо**	[gɪmnastho]
ginástica (f)	**гимнастика**	[gɪmnastɪk]
salto (m) mortal	**сальто**	[saljtɔ]
homem forte (m)	**атлет**	[atlet]
domador (m)	**карагlаморхо**	[kara'amɔrhɔ]
cavaleiro (m) equilibrista	**бере**	[bere]
assistente (m)	**ассистент**	[assɪstent]
truque (m)	**трюк**	[trʉk]
truque (m) de mágica	**бозбуунчалла**	[bɔzbu'untʃall]
mágico (m)	**бозбуунча**	[bɔzbu'untʃ]
malabarista (m)	**жонглёр**	[ʒɔnglʲor]
fazer malabarismos	**жонглировать дан**	[ʒɔnglɪrɔvatʲ dan]
domador (m)	**карагlаморг**	[kara'amɔrg]
adestramento (m)	**карагlамор**	[kara'amɔr]
adestrar (vt)	**карагlамо**	[kara'amɔ]

129. Música. Música popular

música (f)	**музыка**	[muzɪk]
músico (m)	**музыкант**	[muzɪkant]
instrumento (m) musical	**музыкин гlирс**	[muzɪkɪn ɣɪrs]
tocar ...	**лакха**	[laq]
guitarra (f)	**гитара**	[gɪtar]
violino (m)	**чlондарг**	[tʃ'ɔndarg]
violoncelo (m)	**виолончель**	[wɪɔlɔntʃelj]
contrabaixo (m)	**контрабас**	[kɔntrabas]
harpa (f)	**арфа**	[arf]
piano (m)	**пианино**	[pɪanɪnɔ]
piano (m) de cauda	**рояль**	[rɔjalj]
órgão (m)	**орган**	[ɔrgan]
instrumentos (m pl) de sopro	**зурманийн гlирсаш**	[zurmanɪ:n ɣɪrsaʃ]
oboé (m)	**гобой**	[gɔbɔj]
saxofone (m)	**саксофон**	[saksɔfɔn]
clarinete (m)	**кларнет**	[klarnet]
flauta (f)	**флейта**	[flejt]
trompete (m)	**зурма**	[zurm]
acordeão (m)	**кехатпондар**	[kehatpɔndar]
tambor (m)	**вота**	[vɔt]
duo, dueto (m)	**дуэт**	[duɛt]
trio (m)	**трио**	[trɪɔ]
quarteto (m)	**квартет**	[kvartet]
coro (m)	**хор**	[hor]
orquestra (f)	**оркестр**	[ɔrkestr]
música (f) pop	**рок-музыка**	[rɔk muzɪk]
música (f) rock	**рок-музыка**	[rɔk muzɪk]

grupo (m) de rock	**рок-группа**	[rɔk grupp]
jazz (m)	**джаз**	[ʤɑz]
ídolo (m)	**цӏу**	[ʦ'u]
fã, admirador (m)	**ларамхо**	[lɑrɑmho]
concerto (m)	**концерт**	[kɔnʦert]
sinfonia (f)	**симфони**	[sɪmfɔnɪ]
composição (f)	**сочинени**	[sɔʧɪnenɪ]
compor (vt)	**кхолла**	[qɔll]
canto (m)	**лакхар**	[lɑqɑr]
canção (f)	**илли**	[ɪllɪ]
melodia (f)	**мукъам**	[muqʔɑm]
ritmo (m)	**ритм**	[rɪtm]
blues (m)	**блюз**	[blʉz]
notas (f pl)	**ноташ**	[nɔtɑʃ]
batuta (f)	**гӏаж**	[ɣɑʒ]
arco (m)	**чӏондаргӏа**	[ʧ'ɔndɑrɣ]
corda (f)	**мерз**	[merz]
estojo (m)	**ботт**	[bɔtt]

Descanso. Entretenimento. Viagens

130. Viagens

turismo (m)	**туризм**	[turɪzm]
turista (m)	**турист**	[turɪst]
viagem (f)	**араваьлла лелар**	[aravæll lelar]
aventura (f)	**хилларг**	[hɪllarg]
viagem (f)	**дахар**	[dahar]
férias (f pl)	**отпуск**	[ɔtpusk]
estar de férias	**отпускехь хилар**	[ɔtpuskeh hɪlar]
descanso (m)	**садаlар**	[sada'ar]
comboio (m)	**цlерпошт**	[ʦ'erpɔʃt]
de comboio (chegar ~)	**цlерпоштахь**	[ʦ'erpɔʃtah]
avião (m)	**кема**	[kem]
de avião	**кеманца**	[kemanʦ]
de carro	**машина тlехь**	[maʃɪn t'eh]
de navio	**кеманца**	[kemanʦ]
bagagem (f)	**кира**	[kɪr]
mala (f)	**чамда**	[ʧamd]
carrinho (m)	**киран гlудакх**	[kɪran ɣudaq]
passaporte (m)	**паспорт**	[paspɔrt]
visto (m)	**виза**	[wɪz]
bilhete (m)	**билет**	[bɪlet]
bilhete (m) de avião	**авиабилет**	[awɪabɪlet]
guia (m) de viagem	**некъгойтург**	[neqʔgɔjturg]
mapa (m)	**карта**	[kart]
local (m), area (f)	**меттиг**	[mettɪg]
lugar, sítio (m)	**меттиг**	[mettɪg]
exotismo (m)	**экзотика**	[ɛkzɔtɪk]
exótico	**экзотикин**	[ɛkzɔtɪkɪn]
surpreendente	**тамашена**	[tamaʃən]
grupo (m)	**группа**	[grupp]
excursão (f)	**экскурси**	[ɛkskursɪ]
guia (m)	**экскурсилелорхо**	[ɛkskursɪlelɔrhɔ]

131. Hotel

hotel (m)	**хьешийн цlа**	[heʃɪ:n ʦ'a]
motel (m)	**мотель**	[mɔtelj]
três estrelas	**кхо седа**	[qø sed]

cinco estrelas	**пхи седа**	[phɪ sed]
ficar (~ num hotel)	**саца**	[sats]
quarto (m)	**номер**	[nɔmer]
quarto (m) individual	**цхьа меттиг йолу номер**	[tsha mettɪg jolu nɔmer]
quarto (m) duplo	**шиъ меттиг йолу номер**	[ʃɪʔ mettɪg jolu nɔmer]
reservar um quarto	**номер бронь ян**	[nɔmer brɔnj jan]
meia pensão (f)	**полупансион**	[pɔlupansɪɔn]
pensão (f) completa	**йиззина пансион**	[jɪzzɪn pansɪɔn]
com banheira	**ваннер**	[vanner]
com duche	**душер**	[duʃər]
televisão (m) satélite	**спутникови телевидени**	[sputnɪkɔwɪ telewɪdenɪ]
ar (m) condicionado	**кондиционер**	[kɔndɪtsɪɔner]
toalha (f)	**гата**	[gat]
chave (f)	**догӀа**	[dɔɣ]
administrador (m)	**администратор**	[admɪnɪstratɔr]
camareira (f)	**хӀусамча**	[h'usamtʃ]
bagageiro (m)	**киранхо**	[kɪranho]
porteiro (m)	**портье**	[pɔrtje]
restaurante (m)	**ресторан**	[restɔran]
bar (m)	**бар**	[bar]
pequeno-almoço (m)	**марта**	[mart]
jantar (m)	**пхьор**	[phɔr]
buffet (m)	**шведийн стоьл**	[ʃwedɪ:n støl]
hall (m) de entrada	**вестибюль**	[westɪbʉlj]
elevador (m)	**лифт**	[lɪft]
NÃO PERTURBE	**МА ХЬЕВЕ**	[ma hewe]
PROIBIDO FUMAR!	**ЦИГАЬРКА ОЗА МЕГАШ ДАЦ!**	[tsɪgærk ɔz megaʃ dats]

132. Livros. Leitura

livro (m)	**книшка**	[knɪʃk]
autor (m)	**автор**	[avtɔr]
escritor (m)	**яздархо**	[jazdarhɔ]
escrever (vt)	**язъян**	[jazʔjan]
leitor (m)	**ешархо**	[eʃarhɔ]
ler (vt)	**еша**	[eʃ]
leitura (f)	**ешар**	[eʃar]
para si	**дагахь**	[dagah]
em voz alta	**хезаш**	[hezaʃ]
publicar (vt)	**арахеца**	[arahets]
publicação (f)	**арахецар**	[arahetsar]
editor (m)	**арахецархо**	[arahetsarhɔ]
editora (f)	**издательство**	[ɪzdateljstvɔ]

sair (vi) | арадала | [aradal]
lançamento (m) | арадалар | [aradalar]
tiragem (f) | тираж | [tɪraʒ]

livraria (f) | книшкийн туька | [knɪʃkɪ:n tʉk]
biblioteca (f) | библиотека | [bɪblɪɔtek]

novela (f) | повесть | [pɔwestʲ]
conto (m) | дийцар | [dɪ:ʦar]
romance (m) | роман | [rɔman]
romance (m) policial | детектив | [detektɪv]

memórias (f pl) | мемуараш | [memuaraʃ]
lenda (f) | дийцар | [dɪ:ʦar]
mito (m) | миф | [mɪf]

poesia (f) | байташ | [bajtaʃ]
autobiografia (f) | автобиографи | [avtɔbɪɔgrafɪ]
obras (f pl) escolhidas | хаьржина | [hærʒɪn]
ficção (f) científica | фантастика | [fantastɪk]

título (m) | цIе | [ʦ'e]
introdução (f) | чудалор | [ʧudalɔr]
folha (f) de rosto | титулан агIо | [tɪtulan aɣɔ]

capítulo (m) | корта | [kɔrt]
excerto (m) | дакъа | [daqʔ]
episódio (m) | эпизод | [ɛpɪzɔd]

tema (m) | сюжет | [sʉʒet]
conteúdo (m) | чулацам | [ʧulaʦam]
índice (m) | чулацам | [ʧulaʦam]
protagonista (m) | коьрта турпалхо | [kørt turpalho]

tomo, volume (m) | том | [tɔm]
capa (f) | мужалт | [muʒalt]
encadernação (f) | мужалт яр | [muʒalt jar]
marcador (m) de livro | юкъаюьллург | [juqʔajullurg]

página (f) | агIо | ['aɣɔ]
folhear (vt) | херца | [herʦ]
margem (f) | йистош | [jɪstɔʃ]
anotação (f) | билгало | [bɪlgalɔ]
nota (f) de rodapé | билгалдаккхар | [bɪlgaldakqar]

texto (m) | текст | [tekst]
fonte (f) | зорба | [zɔrb]
gralha (f) | гIалат кхетар | [ɣalat qetar]

tradução (f) | гоч | [gɔʧ]
traduzir (vt) | гочдинарг | [gɔʧdɪnarg]
original (m) | бакъдерг | [baqʔderg]

famoso | гIарадаьлла | [ɣaradæll]
desconhecido | девзаш доцу | [devzaʃ dɔʦu]
interessante | самукъане | [samuqʔane]

best-seller (m)	**бестселлер**	[bestseller]
dicionário (m)	**дошам, словарь**	[dɔʃam], [slɔvarʲ]
manual (m) escolar	**учебник**	[utʃebnɪk]
enciclopédia (f)	**энциклопеди**	[ɛntsɪklɔpedɪ]

133. Caça. Pesca

caça (f)	**таллар**	[tallar]
caçar (vi)	**талла эха**	[tall ɛh]
caçador (m)	**таллархо**	[tallarhɔ]
atirar (vi)	**кхийса**	[qɪ:s]
caçadeira (f)	**топ**	[tɔp]
cartucho (m)	**патарма**	[patarm]
chumbo (m) de caça	**дробь**	[drɔbʲ]
armadilha (f)	**гура**	[gur]
armadilha (com corda)	**речIа**	[retʃ']
pôr a armadilha	**гура боrIа**	[gur bɔɣ]
caçador (m) furtivo	**браконьер**	[brakɔnjer]
caça (f)	**экха**	[ɛq]
cão (m) de caça	**таллархойн жIаьла**	[tallarhɔjn ʒ'æl]
safári (m)	**сафари**	[safarɪ]
animal (m) empalhado	**мунда**	[mund]
pescador (m)	**чIерийлецархо**	[tʃ'erɪ:letsarhɔ]
pesca (f)	**чIерийлецар**	[tʃ'erɪ:letsar]
pescar (vt)	**чIерий леца**	[tʃ'erɪ: lets]
cana (f) de pesca	**мIара**	[m'ar]
linha (f) de pesca	**леска**	[lesk]
anzol (m)	**мIара**	[m'ar]
boia (f)	**тIус**	[t'us]
isca (f)	**кхоллург**	[qɔllurg]
lançar a linha	**къийдамаш бан**	[qʔɪ:damaʃ ban]
morder (vt)	**муьрг етта**	[mʉrg ett]
pesca (f)	**лецна**	[letsn]
buraco (m) no gelo	**Iуьрг**	['ʉrg]
rede (f)	**бой**	[bɔj]
barco (m)	**кема**	[kem]
pescar com rede	**бойца леца**	[bɔjts lets]
lançar a rede	**бой чукхосса**	[bɔj tʃuqɔss]
puxar a rede	**бой аратакхо**	[bɔj arataqɔ]
baleeiro (m)	**китобой**	[kɪtɔbɔj]
baleeira (f)	**китобойни кема**	[kɪtɔbɔjnɪ kem]
arpão (m)	**чаьнчакх**	[tʃæntʃaq]

134. Jogos. Bilhar

bilhar (m)	**биллиард**	[bɪllɪard]
sala (f) de bilhar	**биллиардан**	[bɪllɪardan]
bola (f) de bilhar	**биллиардан шар**	[bɪllɪardan ʃar]
embolsar uma bola	**шар чутоха**	[ʃar ʧutɔh]
taco (m)	**кий**	[kɪ:]
caçapa (f)	**луза**	[luz]

135. Jogos. Jogar cartas

ouros (m pl)	**черо**	[ʧerɔ]
espadas (f pl)	**lаьржбlаьрг**	['ærʒbærg]
copas (f pl)	**черви**	[ʧerwɪ]
paus (m pl)	**lаьржабlаьргаш**	['ærʒabærgaʃ]
ás (m)	**тlуз**	[t'uz]
rei (m)	**паччахь**	[paʧah]
dama (f)	**йоl**	[joʕ]
valete (m)	**салти**	[saltɪ]
carta (f) de jogar	**ловзо кехат**	[lɔvzɔ kehat]
cartas (f pl)	**кехаташ**	[kehataʃ]
trunfo (m)	**козар**	[kɔzar]
baralho (m)	**туп**	[tup]
dar, distribuir (vt)	**декъа**	[deqʔ]
embaralhar (vt)	**эдан**	[ɛdan]
vez, jogada (f)	**дахар**	[dahar]
batoteiro (m)	**хьарамча**	[haramʧ]

136. Descanso. Jogos. Diversos

passear (vi)	**доладала**	[dɔladal]
passeio (m)	**доладалар**	[dɔladalar]
viagem (f) de carro	**доладалар**	[dɔladalar]
aventura (f)	**хилларг**	[hɪllarg]
piquenique (m)	**пикник**	[pɪknɪk]
jogo (m)	**ловзар**	[lɔvzar]
jogador (m)	**ловзархо**	[lɔvzarhɔ]
partida (f)	**парти**	[partɪ]
colecionador (m)	**гулдархо**	[guldarhɔ]
colecionar (vt)	**гулъян**	[gulʔjan]
coleção (f)	**гулдар**	[guldar]
palavras (f pl) cruzadas	**кроссворд**	[krɔssvɔrd]
hipódromo (m)	**ипподром**	[ɪppɔdrɔm]
discoteca (f)	**дискотека**	[dɪskɔtek]

sauna (f)	**сауна**	[saun]
lotaria (f)	**лотерей**	[lɔterej]
campismo (m)	**поход**	[pɔhod]
acampamento (m)	**лагерь**	[lagerʲ]
tenda (f)	**четар**	[ʧetar]
bússola (f)	**къилба**	[qʔɪlb]
campista (m)	**турист**	[turɪst]
ver (vt), assistir à ...	**хьежа**	[heʒ]
telespectador (m)	**телехьажархо**	[telehaʒarhɔ]
programa (m) de TV	**телепередача**	[teleperedaʧ]

137. Fotografia

máquina (f) fotográfica	**фотоаппарат**	[fɔtɔapparat]
foto, fotografia (f)	**фото, сурт**	[fɔtɔ], [surt]
fotógrafo (m)	**суьрташдохург**	[sʉrtaʃdɔhurg]
estúdio (m) fotográfico	**фотостуди**	[fɔtɔstudɪ]
álbum (m) de fotografias	**фотоальбом**	[fɔtɔaljbɔm]
objetiva (f)	**объектив**	[ɔbʔektɪv]
teleobjetiva (f)	**телеобъектив**	[teleɔbʔektɪv]
filtro (m)	**фильтр**	[fɪljtr]
lente (f)	**линза**	[lɪnz]
ótica (f)	**оптика**	[ɔptɪk]
abertura (f)	**диафрагма**	[dɪafragm]
exposição (f)	**выдержка**	[vɪderʒk]
visor (m)	**видоискатель**	[wɪdɔɪskatelj]
câmara (f) digital	**цифрийн камера**	[ʦɪfrɪ:n kamer]
tripé (m)	**штатив**	[ʃtatɪv]
flash (m)	**эккхар**	[ɛkqar]
fotografar (vt)	**сурт даккха**	[surt dakq]
tirar fotos	**даккха**	[dakq]
fotografar-se	**сурт даккхийта**	[surt dakqɪ:t]
foco (m)	**резкость**	[rezkɔstʲ]
focar (vt)	**резкостан тӀедало**	[rezkɔstan t'edalɔ]
nítido	**чӀоарӀа**	[ʧ'ɔ'aɣ]
nitidez (f)	**чӀоарӀа хилар**	[ʧ'ɔ'aɣ hɪlar]
contraste (m)	**къастам**	[qʔastam]
contrastante	**къастаме**	[qʔastame]
retrato (m)	**сурт**	[surt]
negativo (m)	**негатив**	[negatɪv]
filme (m)	**фотоплёнка**	[fɔtəplʲonk]
fotograma (m)	**кадр**	[kadr]
imprimir (vt)	**зорба тоха**	[zɔrb tɔh]

138. Praia. Natação

praia (f)	**пляж**	[pljaʒ]
areia (f)	**гӀум**	[ɣum]
deserto	**гӀум-аренан**	[ɣum arenan]
bronzeado (m)	**кхарзавалар**	[qarzavalar]
bronzear-se (vr)	**вага**	[vag]
bronzeado	**маьлхо дагийна**	[mælho dagɪ:n]
protetor (m) solar	**кхарзваларан дуьхьал крем**	[qarzvalaran dʉhal krem]
biquíni (m)	**бикини**	[bɪkɪnɪ]
fato (m) de banho	**луьйчушъюхург**	[lʉjʧuʃʔʉhurg]
calção (m) de banho	**плавкаш**	[plavkaʃ]
piscina (f)	**бассейн**	[bassejn]
nadar (vi)	**нека дан**	[nek dan]
duche (m)	**душ**	[duʃ]
mudar de roupa	**бедар хийца**	[bedar hɪ:ʦ]
toalha (f)	**гата**	[gat]
barco (m)	**кема**	[kem]
lancha (f)	**катер**	[kater]
esqui (m) aquático	**хин лыжаш**	[hɪn lɪʒaʃ]
barco (m) de pedais	**хин вилиспет**	[hɪn wɪlɪspet]
surf (m)	**серфинг**	[serfɪng]
surfista (m)	**серфингхо**	[serfɪnho]
equipamento (m) de mergulho	**акваланг**	[akvalang]
barbatanas (f pl)	**пиллигаш**	[pɪllɪgaʃ]
máscara (f)	**маска**	[mask]
mergulhador (m)	**чулелхархо**	[ʧulelharhɔ]
mergulhar (vi)	**чулелха**	[ʧulelh]
debaixo d'água	**хин кӀел**	[hɪn k'el]
guarda-sol (m)	**зонтик**	[zɔntɪk]
espreguiçadeira (f)	**шезлонг**	[ʃəzlɔng]
óculos (m pl) de sol	**куьзганаш**	[kʉzganaʃ]
colchão (m) de ar	**нека дан гоь**	[nek dan gø]
brincar (vi)	**ловза**	[lɔvz]
ir nadar	**лийча**	[lɪ:ʧ]
bola (f) de praia	**буьрка**	[bʉrk]
encher (vt)	**дуса**	[dus]
inflável, de ar	**дусу**	[dusu]
onda (f)	**тулгӀе**	[tulɣe]
boia (f)	**буй**	[buj]
afogar-se (pessoa)	**бухадаха**	[buhadah]
salvar (vt)	**кӀелхьардакхха**	[k'elhardaqh]
colete (m) salva-vidas	**кӀелхьарвоккху жилет**	[k'elharvɔkqu ʒɪlet]

observar (vt)	**тергам бан**	[tergɑm bɑn]
nadador-salvador (m)	**кlелхьардакхархо**	[k'elhɑrdɑqharhɔ]

EQUIPAMENTO TÉCNICO. TRANSPORTES

Equipamento técnico. Transportes

139. Computador

computador (m)	**компьютер**	[kɔmpjʉter]
portátil (m)	**ноутбук**	[nɔutbuk]
ligar (vt)	**лато**	[latɔ]
desligar (vt)	**дӀадайа**	[d'adaj]
teclado (m)	**клавиатура**	[klawɪatur]
tecla (f)	**пиллиг**	[pɪllɪg]
rato (m)	**мышь**	[mɪʃ]
tapete (m) de rato	**кузан цуьрг**	[kuzan ʦʉrg]
botão (m)	**кнопка**	[knɔpk]
cursor (m)	**курсор**	[kursɔr]
monitor (m)	**монитор**	[mɔnɪtɔr]
ecrã (m)	**экран**	[ɛkran]
disco (m) rígido	**жёстки диск**	[ʒostkɪ dɪsk]
capacidade (f) do disco rígido	**жестки дискан барам**	[ʒestkɪ dɪskan baram]
memória (f)	**эс**	[ɛs]
memória RAM (f)	**оперативни эс**	[ɔperatɪvnɪ ɛs]
ficheiro (m)	**файл**	[fajl]
pasta (f)	**папка**	[papk]
abrir (vt)	**схьаделла**	[shadell]
fechar (vt)	**дӀакъовла**	[d'aqʔɔvl]
guardar (vt)	**Ӏалашдан**	['alaʃdan]
apagar, eliminar (vt)	**дӀадаккха**	[d'adakq]
copiar (vt)	**копи яккха**	[kɔpɪ jakq]
ordenar (vt)	**сорташ дан**	[sɔrtaʃ dan]
copiar (vt)	**схьаяздан**	[shajazdan]
programa (m)	**программа**	[prɔgramm]
software (m)	**программни кхачам**	[prɔgrammnɪ qaʧam]
programador (m)	**программист**	[prɔgrammɪst]
programar (vt)	**программа хӀотто**	[prɔgramm h'ɔttɔ]
hacker (m)	**хакер**	[haker]
senha (f)	**пароль**	[parɔlj]
vírus (m)	**вирус**	[wɪrus]
detetar (vt)	**каро**	[karɔ]
byte (m)	**байт**	[bajt]

megabyte (m)	**мегабайт**	[megabajt]
dados (m pl)	**хаамаш**	[ha'amaʃ]
base (f) de dados	**хаамашан база**	[ha'amaʃan baz]
cabo (m)	**кабель**	[kabelj]
desconectar (vt)	**дӀадаккха**	[d'adakq]
conetar (vt)	**вовшахтаса**	[vɔvʃahtas]

140. Internet. E-mail

internet (f)	**интернет**	[ɪnternet]
browser (m)	**браузер**	[brauzer]
motor (m) de busca	**лехамийн ресурс**	[lehamɪ:n resurs]
provedor (m)	**провайдер**	[prɔvajder]
webmaster (m)	**веб-мастер**	[web master]
website, sítio web (m)	**веб-сайт**	[web sajt]
página (f) web	**веб-аґо**	[web aɣɔ]
endereço (m)	**адрес**	[adres]
livro (m) de endereços	**адресийн книга**	[adresɪ:n knɪg]
caixa (f) de correio	**поштан яьшка**	[pɔʃtan jæʃk]
correio (m)	**пошт**	[pɔʃt]
mensagem (f)	**хаам**	[ha'am]
remetente (m)	**дӀадахьийтинарг**	[d'adahɪ:tɪnarg]
enviar (vt)	**дӀадахьийта**	[d'adahɪ:t]
envio (m)	**дӀадахьийтар**	[d'adahɪ:tar]
destinatário (m)	**схьаэцархо**	[shaətsarhɔ]
receber (vt)	**эхьаэца**	[zhaəts]
correspondência (f)	**кехаташ дӀасакхехьийтар**	[kehataʃ d'asaqehɪ:tar]
corresponder-se (vr)	**кехаташ дӀасакхехьийта**	[kehataʃ d'asaqehɪ:t]
ficheiro (m)	**файл**	[fajl]
fazer download, baixar	**чудаккха**	[ʧudakq]
criar (vt)	**кхолла**	[qɔll]
apagar, eliminar (vt)	**дӀадаккха**	[d'adakq]
eliminado	**дӀадаьккхнарг**	[d'adækqnarg]
conexão (f)	**дазар**	[dazar]
velocidade (f)	**сихалла**	[sɪhall]
modem (m)	**модем**	[mɔdem]
acesso (m)	**тӀекхочийла**	[t'eqɔʧɪ:l]
porta (f)	**порт**	[pɔrt]
conexão (f)	**дӀатасар**	[d'atasar]
conetar (vi)	**дӀатаса**	[d'atas]
escolher (vt)	**харжа**	[harʒ]
buscar (vt)	**леха**	[leh]

Transportes

141. Avião

avião (m)	**кема**	[kem]
bilhete (m) de avião	**авиабилет**	[awɪabɪlet]
companhia (f) aérea	**авиакомпани**	[awɪakɔmpanɪ]
aeroporto (m)	**аэропорт**	[aerɔpɔrt]
supersónico	**озал тӀехь**	[ɔzal t'eh]
comandante (m) do avião	**кеман командир**	[keman kɔmandɪr]
tripulação (f)	**экипаж**	[ɛkɪpaʒ]
piloto (m)	**кеманхо**	[kemanho]
hospedeira (f) de bordo	**стюардесса**	[stʉardess]
copiloto (m)	**штурман**	[ʃturman]
asas (f pl)	**тӀемаш**	[t'emaʃ]
cauda (f)	**цӀога**	[ʦ'ɔg]
cabine (f) de pilotagem	**кабина**	[kabɪn]
motor (m)	**двигатель**	[dwɪgatelj]
trem (m) de aterragem	**шасси**	[ʃassɪ]
turbina (f)	**бера**	[ber]
hélice (f)	**бера**	[ber]
caixa-preta (f)	**Ӏаьржа яьшка**	['ærʒ jæʃk]
coluna (f) de controlo	**штурвал**	[ʃturval]
combustível (m)	**ягорг**	[jagɔrg]
instruções (f pl) de segurança	**инструкци**	[ɪnstrukʦɪ]
máscara (f) de oxigénio	**кислородан маска**	[kɪslɔrɔdan mask]
uniforme (m)	**униформа**	[unɪfɔrm]
colete (m) salva-vidas	**кӀелхьарвоккху жилет**	[k'elharvɔkqu ʒɪlet]
paraquedas (m)	**четар**	[ʧetar]
descolagem (f)	**хьалагӀаттар**	[halaɣattar]
descolar (vi)	**хьалагӀатта**	[halaɣatt]
pista (f) de descolagem	**хьалагӀотту аса**	[halaɣɔttu as]
visibilidade (f)	**гуш хилар**	[guʃ hɪlar]
voo (m)	**дахар**	[dahar]
altura (f)	**лакхалла**	[laqall]
poço (m) de ar	**хӀаваъан ор**	[h'avaʔan ɔr]
assento (m)	**меттиг**	[mettɪg]
auscultadores (m pl)	**ладугӀурга ш**	[laduɣurgaʃ]
mesa (f) rebatível	**цхьалха стол**	[ʦhalha stɔl]
vigia (f)	**иллюминатор**	[ɪllʉmɪnatɔr]
passagem (f)	**чекхдолийла**	[ʧeqdɔlɪ:l]

142. Comboio

comboio (m)	**цlерпошт**	[ʦ'erpɔʃt]
comboio (m) suburbano	**электричка**	[ɛlektrɪʧk]
comboio (m) rápido	**чехка цlерпошт**	[ʧehk ʦ'erpɔʃt]
locomotiva (f) diesel	**тепловоз**	[teplɔvɔz]
locomotiva (f) a vapor	**цlермашен**	[ʦ'ermaʃən]
carruagem (f)	**вагон**	[vagɔn]
carruagem restaurante (f)	**вагон-ресторан**	[vagɔn restɔran]
carris (m pl)	**рельсаш**	[reljsaʃ]
caminho de ferro (m)	**аьчка некъ**	['æʧk neqʔ]
travessa (f)	**шпала**	[ʃpal]
plataforma (f)	**платформа**	[platfɔrm]
linha (f)	**некъ**	[neqʔ]
semáforo (m)	**семафор**	[semafɔr]
estação (f)	**станци**	[stanʦɪ]
maquinista (m)	**машинхо**	[maʃɪnho]
bagageiro (m)	**киранхо**	[kɪranho]
hospedeiro, -a (da carruagem)	**проводник**	[prɔvɔdnɪk]
passageiro (m)	**пассажир**	[passaʒɪr]
revisor (m)	**контролёр**	[kɔntrɔlʲor]
corredor (m)	**уче**	[uʧe]
freio (m) de emergência	**стоп-кран**	[stɔp kran]
compartimento (m)	**купе**	[kupe]
cama (f)	**терхи**	[terhɪ]
cama (f) de cima	**лакхара терхи**	[laqar terhɪ]
cama (f) de baixo	**лахара терхи**	[lahar terhɪ]
roupa (f) de cama	**меттан лоччарш**	[mettan lɔʧarʃ]
bilhete (m)	**билет**	[bɪlet]
horário (m)	**расписани**	[raspɪsanɪ]
painel (m) de informação	**хаамийн у**	[ha:mɪ:n u]
partir (vt)	**дlадаха**	[d'adah]
partida (f)	**дlадахар**	[d'adahar]
chegar (vi)	**схьакхача**	[shaqaʧ]
chegada (f)	**схьакхачар**	[shaqaʧur]
chegar de comboio	**цlерпоштахь ван**	[ʦ'erpɔʃtah van]
apanhar o comboio	**цlерпошта тle хаа**	[ʦ'erpɔʃt t'e ha'a]
sair do comboio	**цlерпошта тlера охьадосса**	[ʦ'erpɔʃt t'er ɔhadɔss]
acidente (m) ferroviário	**харцар**	[harʦar]
locomotiva (f) a vapor	**цlермашен**	[ʦ'ermaʃən]
fogueiro (m)	**кочегар**	[kɔʧegar]
fornalha (f)	**дагор**	[dagɔr]
carvão (m)	**кlора**	[k'ɔr]

143. Barco

navio (m)	**кема**	[kem]
embarcação (f)	**кема**	[kem]
vapor (m)	**цlеркема**	[ʦ'erkem]
navio (m)	**теплоход**	[teplɔhod]
transatlântico (m)	**лайнер**	[lajner]
cruzador (m)	**крейсер**	[krejser]
iate (m)	**яхта**	[jaht]
rebocador (m)	**буксир**	[buksɪr]
barcaça (f)	**баржа**	[barʒ]
ferry (m)	**бурам**	[buram]
veleiro (m)	**гатанан кема**	[gatanan kem]
bergantim (m)	**бригантина**	[brɪgantɪn]
quebra-gelo (m)	**ша-кема**	[ʃa kem]
submarino (m)	**хи бухахула лела кема**	[hɪ buhahul lel kem]
bote, barco (m)	**кема**	[kem]
bote, dingue (m)	**шлюпка**	[ʃlʉpk]
bote (m) salva-vidas	**кlелхьарвоккху шлюпка**	[k'elharvɔkqu ʃlʉpk]
lancha (f)	**катер**	[kater]
capitão (m)	**капитан**	[kapɪtan]
marinheiro (m)	**хlордахо**	[h'ɔrdaho]
marujo (m)	**хlордахо**	[h'ɔrdaho]
tripulação (f)	**экипаж**	[ɛkɪpaʒ]
contramestre (m)	**боцман**	[bɔʦman]
grumete (m)	**юнга**	[jung]
cozinheiro (m) de bordo	**кок**	[kɔk]
médico (m) de bordo	**хи кеман лор**	[hɪ keman lɔr]
convés (m)	**палуба**	[palub]
mastro (m)	**мачта**	[maʧt]
vela (f)	**гата**	[gat]
porão (m)	**трюм**	[trʉm]
proa (f)	**кеман мара**	[keman mar]
popa (f)	**кеман цlога**	[keman ʦ'ɔg]
remo (m)	**пийсиг**	[pɪ:sɪg]
hélice (f)	**винт**	[wɪnt]
camarote (m)	**каюта**	[kajut]
sala (f) dos oficiais	**кают-компани**	[kajut kɔmpanɪ]
sala (f) das máquinas	**машинийн отделени**	[maʃɪnɪ:n ɔtdelenɪ]
ponte (m) de comando	**капитанан тlай**	[kapɪtanan t'aj]
sala (f) de comunicações	**радиотрубка**	[radɪɔtrubk]
onda (f) de rádio	**тулгlе**	[tulɣe]
diário (m) de bordo	**кеман журнал**	[keman ʒurnal]
luneta (f)	**турмал**	[turmal]
sino (m)	**горгал**	[gɔrgal]

bandeira (f)	**байракх**	[bajraq]
cabo (m)	**муш**	[muʃ]
nó (m)	**шад**	[ʃad]
corrimão (m)	**тӀам**	[t'am]
prancha (f) de embarque	**лами**	[lamɪ]
âncora (f)	**якорь**	[jakɔrʲ]
recolher a âncora	**якорь хьалаайа**	[jakɔrʲ hala'aj]
lançar a âncora	**якорь кхосса**	[jakɔrʲ qɔss]
amarra (f)	**якоран зӀе**	[jakɔran z'e]
porto (m)	**порт**	[pɔrt]
cais, amarradouro (m)	**дӀатосийла**	[d'atɔsɪ:l]
atracar (vi)	**йистедало**	[jɪstedalɔ]
desatracar (vi)	**дӀадаха**	[d'adah]
viagem (f)	**араваьлла лелар**	[aravæll lelar]
cruzeiro (m)	**круиз**	[kruɪz]
rumo (m), rota (f)	**курс**	[kurs]
itinerário (m)	**маршрут**	[marʃrut]
canal (m) navegável	**фарватер**	[farvater]
banco (m) de areia	**гомхалла**	[gɔmhall]
encalhar (vt)	**гӀамарла даха**	[ɣamarl dah]
tempestade (f)	**дарц**	[darʦ]
sinal (m)	**сигнал**	[sɪgnal]
afundar-se (vr)	**бухадаха**	[buhadah]
SOS	**SOS**	[sɔs]
boia (f) salva-vidas	**кӀелхьарвоккху го**	[k'elharvɔkqu gɔ]

144. Aeroporto

aeroporto (m)	**аэропорт**	[aerɔpɔrt]
avião (m)	**кема**	[kem]
companhia (f) aérea	**авиакомпани**	[awɪakɔmpanɪ]
controlador (m) de tráfego aéreo	**диспетчер**	[dɪspeʧer]
partida (f)	**дӀадахар**	[d'adahar]
chegada (f)	**схьакхачар**	[shaqaʧar]
chegar (~ de avião)	**схьакхача**	[shaqaʧ]
hora (f) de partida	**гӀовтаран хан**	[ɣɔvtaran han]
hora (f) de chegada	**схьакхачаран хан**	[shaqaʧaran han]
estar atrasado	**хьедала**	[hedal]
atraso (m) de voo	**хьедар**	[hedar]
painel (m) de informação	**хаамийн табло**	[ha:mɪ:n tablɔ]
informação (f)	**хаам**	[ha'am]
anunciar (vt)	**кхайкхо**	[qajqɔ]
voo (m)	**рейс**	[rejs]

alfândega (f)	**таможни**	[tamɔʒnɪ]
funcionário (m) da alfândega	**таможхо**	[tamɔʒho]
declaração (f) alfandegária	**деклараци**	[deklaratsɪ]
preencher a declaração	**деклараци язъян**	[deklaratsɪ jazʔjan]
controlo (m) de passaportes	**пастпортан контроль**	[pastpɔrtan kɔntrɔlj]
bagagem (f)	**кира**	[kɪr]
bagagem (f) de mão	**куьйга леладен кира**	[kʉjg leladen kɪr]
carrinho (m)	**гӀудалкх**	[ɣudalq]
aterragem (f)	**охьахаар**	[ɔhaha'ar]
pista (f) de aterragem	**охьахааден аса**	[ɔhaha'aden as]
aterrar (vi)	**охьахаа**	[ɔhaha'a]
escada (f) de avião	**лами**	[lamɪ]
check-in (m)	**регистраци**	[regɪstratsɪ]
balcão (m) do check-in	**регистрацин гӀопаста**	[regɪstratsɪn ɣɔpast]
fazer o check-in	**регистраци ян**	[regɪstratsɪ jan]
cartão (m) de embarque	**тӀехааден талон**	[t'eha'aden talɔn]
porta (f) de embarque	**арадалар**	[aradalar]
trânsito (m)	**транзит**	[tranzɪt]
esperar (vi, vt)	**хьежа**	[heʒ]
sala (f) de espera	**хьежаран зал**	[heʒaran zal]
despedir-se de …	**новкъадаккха**	[nɔvqʔadakq]
despedir-se (vr)	**Ӏодика ян**	['ɔdɪk jan]

145. Bicicleta. Motocicleta

bicicleta (f)	**велиспет**	[welɪspet]
scotter, lambreta (f)	**мотороллер**	[mɔtɔrɔller]
mota (f)	**мотоцикл**	[mɔtɔtsɪkl]
ir de bicicleta	**велиспетехь ваха**	[welɪspeteh vah']
guiador (m)	**тӀам**	[t'am]
pedal (m)	**педаль**	[pedalj]
travões (m pl)	**тормозаш**	[tɔrmɔzaʃ]
selim (m)	**нуьйр**	[nʉjr]
bomba (f) de ar	**насос**	[nasɔs]
porta-bagagens (m)	**багажник**	[bagaʒnɪk]
lanterna (f)	**фонарь**	[fɔnarʲ]
capacete (m)	**гӀем**	[ɣem]
roda (f)	**чкъург**	[ʧqʔurg]
guarda-lamas (m)	**тӀам**	[t'am]
aro (m)	**туре**	[ture]
raio (m)	**чӀу**	[ʧ'u]

Carros

146. Tipos de carros

carro, automóvel (m)	**автомобиль**	[avtɔmɔbɪlj]
carro (m) desportivo	**спортивни автомобиль**	[spɔrtɪvnɪ avtɔmɔbɪlj]
limusine (f)	**лимузин**	[lɪmuzɪn]
todo o terreno (m)	**внедорожник, джип**	[vnedɔrɔʒnɪk], [ʤɪp]
descapotável (m)	**кабриолет**	[kabrɪɔlet]
minibus (m)	**микроавтобус**	[mɪkrɔavtɔbus]
ambulância (f)	**сихонан гlо**	[sɪhonan ɣɔ]
limpa-neve (m)	**ло дlадоккху машина**	[lɔ d'adɔkqu maʃɪn]
camião (m)	**киранийн машина**	[kɪranɪ:n maʃɪn]
camião-cisterna (m)	**бензовоз**	[benzɔvɔz]
carrinha (f)	**хlургон**	[h'urgɔn]
camião-trator (m)	**озорг**	[ɔzɔrg]
atrelado (m)	**тlаьхьатосург**	[t'æhatɔsurg]
confortável	**комфорт йолу**	[kɔmfɔrt jolu]
usado	**лелийна**	[lelɪ:n]

147. Carros. Carroçaria

capô (m)	**капот**	[kapɔt]
guarda-lamas (m)	**тlам**	[t'am]
tejadilho (m)	**тхов**	[thov]
para-brisa (m)	**хьалхара ангали**	[halhar angalɪ]
espelho (m) retrovisor	**тlехьара сурт гайта ангали**	[t'ehar surt gajt angalɪ]
lavador (m)	**дилар**	[dɪlar]
limpa-para-brisas (m)	**ангалицlандийригаш**	['angalɪʦ'andɪ:rɪgaʃ]
vidro (m) lateral	**агlонгара ангали**	['aɣongar angalɪ]
elevador (m) do vidro	**ангалихьалаойург**	[angalɪhalaɔjurg]
antena (f)	**антенна**	[anten]
teto solar (m)	**люк**	[lʉk]
para-choques (m pl)	**бампер**	[bamper]
bagageira (f)	**багажник**	[bagaʒnɪk]
porta (f)	**неl**	[neʕ]
maçaneta (f)	**тlам**	[t'am]
fechadura (f)	**догlа**	[dɔɣ]
matrícula (f)	**номер**	[nɔmer]
silenciador (m)	**лагlийриг**	[laɣjɪ:rɪg]

tanque (m) de gasolina	**бензинан бак**	[benzɪnan bak]
tubo (m) de escape	**выхлопни турба**	[vɪhlɔpnɪ turb]
acelerador (m)	**газ**	[gaz]
pedal (m)	**педаль**	[pedalj]
pedal (m) do acelerador	**газан педаль**	[gazan pedalj]
travão (m)	**тормоз**	[tɔrmɔz]
pedal (m) do travão	**тормозан педаль**	[tɔrmɔzan pedalj]
travar (vt)	**тормоз таса**	[tɔrmɔz tas]
travão (m) de mão	**дIахIоттайойларан тормоз**	[d'ah'ɔttajojlaran tɔrmɔz]
embraiagem (f)	**вовшахтасар**	[vɔvʃahtasar]
pedal (m) da embraiagem	**вовшахтасаран педаль**	[vɔvʃahtasaran pedalj]
disco (m) de embraiagem	**вовшахтасаран диск**	[vɔvʃahtasaran dɪsk]
amortecedor (m)	**амортизатор**	[amɔrtɪzatɔr]
roda (f)	**чкъург**	[ʧqʔurg]
pneu (m) sobresselente	**тIаьхьалонан чкъург**	[t'æhalɔnan ʧqʔurg]
tampão (m) de roda	**кад**	[kad]
rodas (f pl) motrizes	**лело чкъургаш**	[lelɔ ʧqʔurgaʃ]
de tração dianteira	**хьалхараприводан**	[halharaprɪvɔdan]
de tração traseira	**тIехьараприводан**	[t'eharaprɪvɔdan]
de tração às 4 rodas	**дуьззинаприводан**	[dʉzzɪnaprɪvɔdan]
caixa (f) de mudanças	**передачан гIутакх**	[peredaʧan ɣutaq]
automático	**автоматически**	[avtɔmatɪʧeskɪ]
mecânico	**механически**	[mehanɪʧeskɪ]
alavanca (f) das mudanças	**передачан гIутакхан зеразакъ**	[peredaʧan ɣutaqan zerazaqʔ]
farol (m)	**фара**	[far]
faróis, luzes	**фараш**	[faraʃ]
médios (m pl)	**гергара серло**	[gergar serlɔ]
máximos (m pl)	**генара серло**	[genar serlɔ]
luzes (f pl) de stop	**собар-хаам**	[sɔbar ha'am]
mínimos (m pl)	**габаритам серло**	[gabarɪtam serlɔ]
luzes (f pl) de emergência	**аварии серло**	[avarɪ: serlɔ]
faróis (m pl) antinevoeiro	**дахкарна дуьхьалара фараш**	[dahkarn dʉhalar faraʃ]
pisca-pisca (m)	**«поворотник»**	[pɔvɔrɔtnɪk]
luz (f) de marcha atrás	**юханехьа дахар**	[juhaneh dahar]

148. Carros. Habitáculo

interior (m) do carro	**салон**	[salɔn]
de couro, de pele	**тIаьрсиган**	[t'ærsɪgan]
de veludo	**велюран**	[welʉran]
estofos (m pl)	**тIетухург**	[t'etuhurg]
indicador (m)	**прибор**	[prɪbɔr]
painel (m) de instrumentos	**приборийн у**	[prɪbɔrɪ:n u]

velocímetro (m)	**спидометр**	[spɪdɔmetr]
ponteiro (m)	**цамза**	[ʦamz]
conta-quilómetros (m)	**лолург**	[lɔlurg]
sensor (m)	**гойтург**	[gɔjturg]
nível (m)	**барам**	[baram]
luz (f) avisadora	**лампа**	[lamp]
volante (m)	**тӀам, тӀоман чкъург**	[t'am], [t'ɔman ʧq?urg]
buzina (f)	**сигнал**	[sɪgnal]
botão (m)	**кнопка**	[knɔpk]
interruptor (m)	**лакъорг**	[laq?ɔrg]
assento (m)	**охьахоийла**	[ɔhahoɪ:l]
costas (f pl) do assento	**букъ**	[buq?]
cabeceira (f)	**гӀовла**	[ɣɔvl]
cinto (m) de segurança	**доьхка**	[døhk]
apertar o cinto	**доьхка тӀедолла**	[døhk t'edɔll]
regulação (f)	**нисдар**	[nɪsdar]
airbag (m)	**хӀаваан гӀайба**	[h'ava'an ɣajb]
ar (m) condicionado	**кондиционер**	[kɔndɪʦɪɔner]
rádio (m)	**радио**	[radɪɔ]
leitor (m) de CD	**CD-проигрыватель**	[sɪdɪ prɔɪgrɪvatelj]
ligar (vt)	**йолаялийта**	[jolajalɪ:t]
antena (f)	**антенна**	[anten]
porta-luvas (m)	**бардачок**	[bardaʧɔk]
cinzeiro (m)	**чимтосург**	[ʧɪmtɔsurg]

149. Carros. Motor

motor (m)	**двигатель**	[dwɪgatelj]
motor (m)	**мотор**	[mɔtɔr]
diesel	**дизелан**	[dɪzelan]
a gasolina	**бензинан**	[benzɪnan]
cilindrada (f)	**двигателан чухоам**	[dwɪgatelan ʧuhoam]
potência (f)	**нуьцкъалла**	[nʉʦq?all]
cavalo-vapor (m)	**говран ницкъ**	[gɔvran nɪʦq?]
pistão (m)	**поршень**	[pɔrʃənj]
cilindro (m)	**цилиндр**	[ʦɪlɪndr]
válvula (f)	**клапан**	[klapan]
injetor (m)	**инжектор**	[ɪnʒektɔr]
gerador (m)	**генератор**	[generatɔr]
carburador (m)	**карбюратор**	[karbʉratɔr]
óleo (m) para motor	**моторан даьтта**	[mɔtɔran dætt]
radiador (m)	**радиатор**	[radɪatɔr]
refrigerante (m)	**шело туху кочалла**	[ʃelɔ tuhu kɔʧall]
ventilador (m)	**мохтухург**	[mɔhtuhurg]
bateria (f)	**аккумулятор**	[akkumuljatɔr]
dispositivo (m) de arranque	**стартер**	[starter]

ignição (f)	**зажигани**	[zaʒɪganɪ]
vela (f) de ignição	**латаен свеча**	[latajen swetʃ]
borne (m)	**клемма**	[klemm]
borne (m) positivo	**плюс**	[plʉs]
borne (m) negativo	**минус**	[mɪnus]
fusível (m)	**предохранитель**	[predɔhranɪtelj]
filtro (m) de ar	**хIаваан фильтр**	[h'ava'an fɪljtr]
filtro (m) de óleo	**даьттан фильтр**	[dættan fɪljtr]
filtro (m) de combustível	**ягоран фильтр**	[jagɔran fɪljtr]

150. Carros. Batidas. Reparação

acidente (m) de carro	**авари**	[avarɪ]
acidente (m) rodoviário	**некъан хилларг**	[neqʔan hɪllarg]
ir contra ...	**кхета**	[qet]
sofrer um acidente	**доха**	[dɔh]
danos (m pl)	**лазор**	[lazɔr]
intato	**могуш-маьрша**	[mɔguʃ mærʃ]
avariar (vi)	**доха**	[dɔh]
cabo (m) de reboque	**буксиран трос**	[buksɪran trɔs]
furo (m)	**чеккхдаккхар**	[tʃekqdakqar]
estar furado	**дассадала**	[dassadal]
encher (vt)	**дуса**	[dus]
pressão (f)	**таIам**	[ta'am]
verificar (vt)	**хьажа**	[haʒ]
reparação (f)	**таяр**	[tajar]
oficina (f) de reparação de carros	**таяран пхьалгIа**	[tajaran phalɣ]
peça (f) sobresselente	**запчасть**	[zaptʃastʲ]
peça (f)	**деталь**	[detalj]
parafuso (m)	**болт**	[bɔlt]
parafuso (m)	**винт**	[wɪnt]
porca (f)	**гайка**	[gajk]
anilha (f)	**шайба**	[ʃajb]
rolamento (m)	**подшипник**	[pɔdʃɪpnɪk]
tubo (m)	**турба**	[turb]
junta (f)	**прокладка**	[prɔkladk]
fio, cabo (m)	**сара**	[sar]
macaco (m)	**домкрат**	[dɔmkrat]
chave (f) de boca	**гайкин догIа**	[gajkɪn dɔɣ]
martelo (m)	**жIов**	[ʒ'ɔv]
bomba (f)	**насос**	[nasɔs]
chave (f) de fendas	**сетал**	[setal]
extintor (m)	**цIайойург**	[ʦ'ajojurg]
triângulo (m) de emergência	**аварии кхосаберг**	[avarɪ: qɔsaberg]

parar (vi) (motor)	**дlайов**	[d'ajov]
paragem (f)	**сацор**	[sats͡ɔr]
estar quebrado	**дохо**	[dɔho]
superaquecer-se (vr)	**тlех дохдала**	[t'eh dɔhdal]
entupir-se (vr)	**дукъадала**	[duqʔadal]
congelar-se (vr)	**гlоро**	[ɣɔrɔ]
rebentar (vi)	**эккха**	[ɛkq]
pressão (f)	**тalам**	[ta'am]
nível (m)	**барам**	[baram]
frouxo	**гlийла**	[ɣɪ:l]
mossa (f)	**ведйина меттиг**	[wedjɪn mettɪg]
ruído (m)	**тата**	[tat]
fissura (f)	**датlар**	[dat'ar]
arranhão (m)	**мацхар**	[mats͡har]

151. Carros. Estrada

estrada (f)	**некъ**	[neqʔ]
autoestrada (f)	**автонекъ**	['avtɔneqʔ]
rodovia (f)	**силам-некъ**	[sɪlam neqʔ]
direção (f)	**агlо, тlедерзор**	['aɣɔ], [t'ederzɔr]
distância (f)	**некъан бохалла**	[neqʔan bɔhall]
ponte (f)	**тlай**	[t'aj]
parque (m) de estacionamento	**паркинг**	[parkɪng]
praça (f)	**майда**	[majd]
nó (m) rodoviário	**гlонжагlа**	[ɣɔnʒaɣ]
túnel (m)	**туннель**	[tunelj]
posto (m) de gasolina	**автозаправка**	[avtɔzapravk]
parque (m) de estacionamento	**машинаш дlахlиттайойла**	[maʃɪnaʃ d'ah'ɪttajojl]
bomba (f) de gasolina	**бензоколонка**	[benzɔkɔlɔnk]
oficina (f) de reparação de carros	**гараж**	[garaʒ]
abastecer (vt)	**дотта**	[dɔtt]
combustível (m)	**ягорг**	[jagɔrg]
bidão (m) de gasolina	**канистр**	[kanɪstr]
asfalto (m)	**асфальт**	[asfaljt]
marcação (f) de estradas	**билгало**	[bɪlgalɔ]
lancil (m)	**дийна дист**	[dɪ:n dɪst]
proteção (f) guard-rail	**керт**	[kert]
valeta (f)	**кювет**	[kʉwet]
berma (f) da estrada	**некъан йист**	[neqʔan jɪst]
poste (m) de luz	**богlам**	[bɔɣam]
conduzir, guiar (vt)	**лело**	[lelɔ]
virar (ex. ~ à direita)	**дlадерза**	[d'aderz]
dar retorno	**духадерзар**	[duhaderzar]
marcha-atrás (f)	**юханехьа дахар**	[juhaneh dahar]
buzinar (vi)	**сигнал етта**	[sɪgnal ett]

buzina (f)	**аьзнийн сигнал**	[æznɪ:n sɪgnɑl]
atolar-se (vr)	**диса**	[dɪs]
patinar (na lama)	**хьийзаш латта**	[hɪ:zɑʃ lɑtt]
desligar (vt)	**дIадайа**	[d'ɑdɑj]
velocidade (f)	**сихалла**	[sɪhall]
exceder a velocidade	**сихалла тIехьа йаккха**	[sɪhall t'eh jɑkq]
multar (vt)	**гIуда тоха**	[ɣud tɔh]
semáforo (m)	**светофор**	[swetɔfɔr]
carta (f) de condução	**лелорхочун бакъонаш**	[lelɔrhɔʧun bɑqʔɔnɑʃ]
passagem (f) de nível	**дехьаволийла**	[dehɑvɔlɪ:l]
cruzamento (m)	**галморзе**	[gɑlmɔrze]
passadeira (f)	**гIашлойн дехьаволийла**	[ɣɑʃlɔjn dehɑvɔlɪ:l]
curva (f)	**гола**	[gɔl]
zona (f) pedonal	**гIашлойн зона**	[ɣɑʃlɔjn zɔn]

PESSOAS. EVENTOS

Eventos

152. Férias. Evento

festa (f)	**дезде**	[dezde]
festa (f) nacional	**къаьмнийн дезде**	[qʔæmnɪːn dezde]
feriado (m)	**деза де**	[dez de]
festejar (vt)	**даздан**	[dazdan]
evento (festa, etc.)	**хилларг**	[hɪllarg]
evento (banquete, etc.)	**мероприяти**	[merɔprɪjatɪ]
banquete (m)	**той**	[tɔj]
receção (f)	**тӀеэцар**	[t'eɛʦar]
festim (m)	**той**	[tɔj]
aniversário (m)	**шо кхачар**	[ʃɔ qaʧar]
jubileu (m)	**юбилей**	[jubɪlej]
celebrar (vt)	**билгалдаккха**	[bɪlgaldakq]
Ano (m) Novo	**Керла шо**	[kerl ʃɔ]
Feliz Ano Novo!	**Керлачу шарца декъал дойла шу!**	[kerlaʧu ʃarʦ deqʔal dɔjl ʃu]
Natal (m)	**Рождество**	[rɔʒdestvɔ]
Feliz Natal!	**Рождествоца декъал дойла шу!**	[rɔʒdestvɔʦ deqʔal dɔjl ʃu]
árvore (f) de Natal	**керлачу шеран ёлка**	[kerlaʧu ʃəran jolk]
fogo (m) de artifício	**салют**	[salʉt]
boda (f)	**ловзар**	[lɔvzar]
noivo (m)	**зуда ехна стаг**	[zud ehn stag]
noiva (f)	**нускал**	[nuskal]
convidar (vt)	**схьакхайкха**	[shaqajq]
convite (m)	**кхайкхар**	[qajqar]
convidado (m)	**хьаша**	[haʃ]
visitar (vt)	**хьошалгӀа ваха**	[hɔʃalɣ vah']
receber os hóspedes	**хьешашна дуьхьалваха**	[heʃaʃn dʉhalvah]
presente (m)	**совгӀат**	[sɔvɣat]
oferecer (vt)	**совгӀатна дала**	[sɔvɣatn dal]
receber presentes	**совгӀаташ схьаэца**	[sɔvɣataʃ sha'ɛʦ]
ramo (m) de flores	**курс**	[kurs]
felicitações (f pl)	**декъалдар**	[deqʔaldar]
felicitar (dar os parabéns)	**декъалдан**	[deqʔaldan]

cartão (m) de parabéns	**декъалден открытка**	[deqʔalden ɔtkrɪtk]
enviar um postal	**открытка дӀадахьийта**	[ɔtkrɪtk d'adahɪ:t]
receber um postal	**открытка схьаэца**	[ɔtkrɪtk shaəts]
brinde (m)	**кад**	[kad]
oferecer (vt)	**дала**	[dal]
champanhe (m)	**шампански**	[ʃampanskɪ]
divertir-se (vr)	**сакъера**	[saqʔer]
diversão (f)	**сакъерар**	[saqʔerar]
alegria (f)	**хазахетар**	[hazahetar]
dança (f)	**хелхар**	[helhar]
dançar (vi)	**хелхадала**	[helhadal]
valsa (f)	**вальс**	[valjs]
tango (m)	**танго**	[tangɔ]

153. Funerais. Enterro

cemitério (m)	**кешнаш**	[keʃnaʃ]
sepultura (f), túmulo (m)	**каш**	[kaʃ]
lápide (f)	**чурт**	[ʧurt]
cerca (f)	**керт**	[kert]
capela (f)	**килс**	[kɪls]
morte (f)	**далар**	[dalar]
morrer (vi)	**дала**	[dal]
defunto (m)	**велларг**	[wellarg]
luto (m)	**Ӏаьржа**	['ærʒ]
enterrar, sepultar (vt)	**дӀадолла**	[d'adɔll]
agência (f) funerária	**велчан ламаста ден бюро**	[welʧan lamast den bʉrɔ]
funeral (m)	**тезет**	[tezet]
coroa (f) de flores	**кочар**	[kɔʧar]
caixão (m)	**гроб**	[grɔb]
carro (m) funerário	**катафалк**	[katafalk]
mortalha (f)	**марчо**	[marʧɔ]
urna (f) funerária	**урна**	[urn]
crematório (m)	**крематорий**	[krematɔrɪ]
obituário (m), necrologia (f)	**некролог**	[nekrɔlɔg]
chorar (vi)	**делха**	[delh]
soluçar (vi)	**делха**	[delh]

154. Guerra. Soldados

pelotão (m)	**завод**	[zavɔd]
companhia (f)	**рота**	[rɔt]
regimento (m)	**полк**	[pɔlk]

exército (m)	**эскар**	[ɛskar]
divisão (f)	**дивизи**	[dɪwɪzɪ]
destacamento (m)	**тоба**	[tɔb]
hoste (f)	**эскар**	[ɛskar]
soldado (m)	**салти**	[saltɪ]
oficial (m)	**эпсар**	[ɛpsar]
soldado (m) raso	**моrlарера**	[mɔɣarer]
sargento (m)	**сержант**	[serʒant]
tenente (m)	**лейтенант**	[lejtenant]
capitão (m)	**капитан**	[kapɪtan]
major (m)	**майор**	[major]
coronel (m)	**полковник**	[pɔlkɔvnɪk]
general (m)	**инарла**	[ɪnarl]
marujo (m)	**хlордахо**	[h'ɔrdaho]
capitão (m)	**капитан**	[kapɪtan]
contramestre (m)	**боцман**	[bɔʦman]
artilheiro (m)	**артиллерист**	[artɪllerɪst]
soldado (m) paraquedista	**десантхо**	[desantho]
piloto (m)	**кеманхо**	[kemanho]
navegador (m)	**штурман**	[ʃturman]
mecânico (m)	**механик**	[mehanɪk]
sapador (m)	**сапёр**	[sapʲor]
paraquedista (m)	**парашютхо**	[paraʃʉtho]
explorador (m)	**талламхо**	[tallamho]
franco-atirador (m)	**иччархо**	[ɪʧarhɔ]
patrulha (f)	**патруль**	[patrulj]
patrulhar (vt)	**rlаролла дан**	[ɣarɔll dan]
sentinela (f)	**rlарол**	[ɣarɔl]
guerreiro (m)	**эскархо**	[ɛskarhɔ]
patriota (m)	**патриот**	[patrɪɔt]
herói (m)	**турпалхо**	[turpalho]
heroína (f)	**турпалхо**	[turpalho]
traidor (m)	**ямартхо**	[jamartho]
desertor (m)	**деддарг**	[deddarg]
desertar (vt)	**дада**	[dad]
mercenário (m)	**ялхо**	[jalho]
recruta (m)	**керла бlахо**	[kerl b'aho]
voluntário (m)	**лаамерниг**	[lɑ'ɑmernɪg]
morto (m)	**дийнарг**	[dɪ:narg]
ferido (m)	**чов хилла**	[ʧɔv hɪll]
prisioneiro (m) de guerra	**йийсархо**	[jɪ:sarhɔ]

155. Guerra. Ações militares. Parte 1

guerra (f)	**тIом**	[t'ɔm]
guerrear (vt)	**тIом бан**	[t'ɔm ban]
guerra (f) civil	**граждански тIом**	[graʒdanskɪ t'ɔm]
perfidamente	**тешнабехкехь**	[teʃnabehkeh]
declaração (f) de guerra	**дIахьебан**	[d'aheban]
declarar (vt) guerra	**хьебан**	[heban]
agressão (f)	**агресси**	[agressɪ]
atacar (vt)	**тIелата**	[t'elat]
invadir (vt)	**дIалаца**	[d'alaʦ]
invasor (m)	**дIалецархо**	[d'aleʦarhɔ]
conquistador (m)	**даккхархо**	[dakqarhɔ]
defesa (f)	**дуьхьало, лардар**	[dʉhalɔ], [lardar]
defender (vt)	**дуьхьало ян, лардан**	[dʉhalɔ jan], [lardan]
defender-se (vr)	**дуьхьало ян**	[dʉhalɔ jan]
inimigo, adversário (m)	**мостагI**	[mɔstaɣ]
inimigo	**мостагIийн**	[mɔstaɣɪ:n]
estratégia (f)	**стратеги**	[strategɪ]
tática (f)	**тактика**	[taktɪk]
ordem (f)	**омра**	[ɔmr]
comando (m)	**буьйр**	[bʉjr]
ordenar (vt)	**омра дан**	[ɔmr dan]
missão (f)	**тIедиллар**	[t'edɪllar]
secreto	**къайлаха**	[qʔajlah]
batalha (f)	**латар**	[latar]
combate (m)	**тIом**	[t'ɔm]
ataque (m)	**атака**	[atak]
assalto (m)	**штурм**	[ʃturm]
assaltar (vt)	**штурм ян**	[ʃturm jan]
assédio, sítio (m)	**лацар**	[laʦar]
ofensiva (f)	**тIелатар**	[t'elatar]
passar à ofensiva	**тIелета**	[t'elet]
retirada (f)	**юхадалар**	[juhadalar]
retirar-se (vr)	**юхадала**	[juhadal]
cerco (m)	**го бар**	[gɔ bar]
cercar (vt)	**го бан**	[gɔ ban]
bombardeio (m)	**бомбанаш еттар**	[bɔmbanaʃ ettar]
lançar uma bomba	**бомб чукхосса**	[bɔmb ʧukqɔss]
bombardear (vt)	**бомбанаш етта**	[bɔmbanaʃ ett]
explosão (f)	**эккхар**	[ɛkqar]
tiro (m)	**ялар**	[jalar]
disparar um tiro	**кхосса**	[qɔss]

tiroteio (m)	**кхийсар**	[qɪ:sɑr]
apontar para ...	**хьежо**	[heʒɔ]
apontar (vt)	**тlехьажо**	[t'ehɑʒɔ]
acertar (vt)	**кхета**	[qet]
afundar (um navio)	**хи бухадахийта**	[hɪ buhadɑhɪ:t]
brecha (f)	**lуьрг**	['ʉrg]
afundar-se (vr)	**хи буха даха**	[hɪ buha dɑh]
frente (m)	**фронт**	[frɔnt]
evacuação (f)	**эвакуаци**	[ɛvakuaʦɪ]
evacuar (vt)	**эвакуаци ян**	[ɛvakuaʦɪ jan]
trincheira (f)	**окоп, траншей**	[ɔkɔp], [tranʃəj]
arame (m) farpado	**кlохцал-сара**	[k'ɔhʦal sɑr]
obstáculo (m) anticarro	**дуьхьало**	[dʉhalɔ]
torre (f) de vigia	**чардакх**	[ʧardaq]
hospital (m)	**госпиталь**	[gɔspɪtalj]
ferir (vt)	**чов ян**	[ʧɔv jan]
ferida (f)	**чов**	[ʧɔv]
ferido (m)	**чов хилла**	[ʧɔv hɪll]
ficar ferido	**чов хила**	[ʧɔv hɪl]
grave (ferida ~)	**хала**	[hal]

156. Armas

arma (f)	**герз**	[gerz]
arma (f) de fogo	**долу герз**	[dɔlu gerz]
arma (f) branca	**шийла герз**	[ʃɪ:l gerz]
arma (f) química	**химически герз**	[hɪmɪʧeskɪ gerz]
nuclear	**ядеран**	[jaderan]
arma (f) nuclear	**ядеран герз**	[jaderan gerz]
bomba (f)	**бомба**	[bɔmb]
bomba (f) atómica	**атоман бомба**	[atɔman bɔmb]
pistola (f)	**тапча**	[tapʧ]
caçadeira (f)	**топ**	[tɔp]
pistola-metralhadora (f)	**автомат**	[avtɔmat]
metralhadora (f)	**пулемёт**	[pulemʲot]
boca (f)	**lуьрг**	['ʉrg]
cano (m)	**чlижаргlа**	[ʧ'ɪʒarɣ]
calibre (m)	**калибр**	[kalɪbr]
gatilho (m)	**лаг**	[lag]
mira (f)	**lалашо**	['alaʃɔ]
carregador (m)	**гlутакх**	[ɣutaq]
coronha (f)	**хен**	[hen]
granada (f) de mão	**гранат**	[granat]
explosivo (m)	**оьккхург**	[økqurg]

bala (f)	**дaьндарг**	[dændarg]
cartucho (m)	**патарма**	[patarm]
carga (f)	**бустам**	[bustam]
munições (f pl)	**тlеман гlирс**	[t'eman ɣɪrs]
bombardeiro (m)	**бомбардировщик**	[bɔmbardɪrɔvɕɪk]
avião (m) de caça	**истребитель**	[ɪstrebɪtelj]
helicóptero (m)	**вертолёт**	[wertɔlʲot]
canhão (m) antiaéreo	**зенитка**	[zenɪtk]
tanque (m)	**танк**	[tank]
canhão (de um tanque)	**йоккха топ**	[jokq tɔp]
artilharia (f)	**артиллери**	[artɪllerɪ]
fazer a pontaria	**тlехьажо**	[t'ehaʒɔ]
obus (m)	**снаряд**	[snarʲad]
granada (f) de morteiro	**мина**	[mɪn]
morteiro (m)	**миномёт**	[mɪnɔmʲot]
estilhaço (m)	**гериг**	[gerɪg]
submarino (m)	**хи буха лела кема**	[hɪ buha lel kem]
torpedo (m)	**торпеда**	[tɔrped]
míssil (m)	**ракета**	[raket]
carregar (uma arma)	**дуза**	[duz]
atirar, disparar (vi)	**кхийса**	[qɪːs]
apontar para ...	**хьежо**	[heʒɔ]
baioneta (f)	**цхьамза**	[ʦhamz]
espada (f)	**шпага**	[ʃpag]
sabre (m)	**тур**	[tur]
lança (f)	**гоьмукъ**	[gømuqʔ]
arco (m)	**секха lад**	[seq 'ad]
flecha (f)	**пха**	[ph]
mosquete (m)	**мушкет**	[muʃket]
besta (f)	**арбалет**	[arbalet]

157. Povos da antiguidade

primitivo	**духхьарлера**	[duharler]
pré-histórico	**историл хьалхара**	[ɪstɔrɪl halhar]
antigo	**мацахлера**	[maʦahler]
Idade (f) da Pedra	**Тlулган оьмар**	[t'ulgan ømar]
Idade (f) do Bronze	**бронзанан оьмар**	[brɔnzanan ømar]
período (m) glacial	**шен зама**	[ʃən zam]
tribo (f)	**тукхам**	[tuqam]
canibal (m)	**нахбуург**	[nahbu'urg]
caçador (m)	**таллархо**	[tallarhɔ]
caçar (vi)	**талла эха**	[tall ɛh]
mamute (m)	**мамонт**	[mamɔnt]
caverna (f)	**хьех**	[heh]

fogo (m)	**цlе**	[ʦ'e]
fogueira (f)	**цlе**	[ʦ'e]
pintura (f) rupestre	**тархаш тlера суьрташ**	[tarhaʃ t'er sʉrtaʃ]
ferramenta (f)	**къинхьегаман гlирс**	[qʔɪnhegaman ɣɪrs]
lança (f)	**гоьмукъ**	[gømuqʔ]
machado (m) de pedra	**тlулгийн диг**	[t'ulgɪ:n dɪg]
guerrear (vt)	**тlом бан**	[t'ɔm ban]
domesticar (vt)	**караlамо**	[kara'amɔ]
ídolo (m)	**цlу**	[ʦ'u]
adorar, venerar (vt)	**текъа**	[teqʔ]
superstição (f)	**доьгlначух тешар**	[døɣnaʧuh teʃar]
ritual (m)	**lадат**	['adat]
evolução (f)	**эволюци**	[ɛvɔlʉʦɪ]
desenvolvimento (m)	**кхиам**	[qɪam]
desaparecimento (m)	**дlадалар**	[d'adalar]
adaptar-se (vr)	**дlадола**	[d'adɔl]
arqueologia (f)	**археологи**	[arheolɔgɪ]
arqueólogo (m)	**археолог**	[arheolɔg]
arqueológico	**археологин**	[arheolɔgɪn]
local (m) das escavações	**ахкар**	[ahkar]
escavações (f pl)	**ахкар**	[ahkar]
achado (m)	**карийнарг**	[karɪ:narg]
fragmento (m)	**дакъа**	[daqʔ]

158. Idade média

povo (m)	**халкъ**	[halqʔ]
povos (m pl)	**адамаш**	[adamaʃ]
tribo (f)	**тукхам**	[tuqam]
tribos (f pl)	**тукхамаш**	[tuqamaʃ]
bárbaros (m pl)	**варварш**	[varvarʃ]
gauleses (m pl)	**галлаш**	[gallaʃ]
godos (m pl)	**готаш**	[gɔtaʃ]
eslavos (m pl)	**славянаш**	[slavʲanaʃ]
víquingues (m pl)	**викинг**	[wɪkɪng]
romanos (m pl)	**римлянаш**	[rɪmljanaʃ]
romano	**римски**	[rɪmskɪ]
bizantinos (m pl)	**византийцаш**	[wɪzantɪ:ʦaʃ]
Bizâncio	**Византи**	[wɪzantɪ]
bizantino	**византийн**	[wɪzantɪ:n]
imperador (m)	**император**	[ɪmperatɔr]
líder (m)	**баьчча**	[bæʧ]
poderoso	**нуьцкъала**	[nʉʦqʔal]
rei (m)	**паччахь**	[paʧah]
governante (m)	**урхалча**	[urhalʧ]

cavaleiro (m)	**къонах**	[qʔɔnah]
senhor feudal (m)	**феодал**	[feɔdal]
feudal	**феодалийн**	[feɔdalɪ:n]
vassalo (m)	**вассал**	[vassal]
duque (m)	**герцог**	[gertsɔg]
conde (m)	**граф**	[graf]
barão (m)	**барон**	[barɔn]
bispo (m)	**епископ**	[epɪskɔp]
armadura (f)	**гӀагӀ**	[ɣaɣ]
escudo (m)	**турс**	[turs]
espada (f)	**гӀалакх**	[ɣalaq]
viseira (f)	**цхар**	[tshar]
cota (f) de malha	**гӀагӀ**	[ɣaɣ]
cruzada (f)	**жӀаран тӀом**	[ʒ'aran t'ɔm]
cruzado (m)	**жӀархо**	[ʒ'arhɔ]
território (m)	**латта**	[latt]
atacar (vt)	**тӀелата**	[t'elat]
conquistar (vt)	**даккха**	[dakq]
ocupar, invadir (vt)	**дӀалаца**	[d'alats]
assédio, sítio (m)	**лацар**	[latsar]
sitiado	**льацна**	[lætsn]
assediar, sitiar (vt)	**лаца**	[lats]
inquisição (f)	**Ӏазап латтор**	['azap lattɔr]
inquisidor (m)	**Ӏазап латторхо**	['azap lattɔrhɔ]
tortura (f)	**Ӏазап**	['azap]
cruel	**къиза**	[qʔɪz]
herege (m)	**мунепакъ**	[munepaqʔ]
heresia (f)	**мунепакъ-Ӏилма**	[munepaqʔ 'ɪlm]
navegação (f) marítima	**хикема лелор**	[hɪkem lelɔr]
pirata (m)	**пират**	[pɪrat]
pirataria (f)	**пираталла**	[pɪratall]
abordagem (f)	**абордаж**	[abɔrdaʒ]
presa (f), butim (m)	**хӀонц**	[h'ɔnts]
tesouros (m pl)	**хазна**	[hazn]
descobrimento (m)	**гучудаккхар**	[gutʃudakqar]
descobrir (novas terras)	**гучудаккха**	[gutʃudakq]
expedição (f)	**экспедици**	[ɛkspedɪtsɪ]
mosqueteiro (m)	**мушкетёр**	[muʃket'or]
cardeal (m)	**кардинал**	[kardɪnal]
heráldica (f)	**геральдика**	[geraljdɪk]
heráldico	**геральдически**	[geraljdɪtʃeskɪ]

159. Líder. Chefe. Autoridades

rei (m)	**паччахь**	[patʃah]
rainha (f)	**зуда-паччахь**	[zud patʃah]

real	**паччахьан**	[patʃahan]
reino (m)	**паччахьалла**	[patʃahall]
príncipe (m)	**принц**	[prɪnʦ]
princesa (f)	**принцесса**	[prɪnʦess]
presidente (m)	**президент**	[patʃah]
vice-presidente (m)	**вице-президент**	[wɪʦe prezɪdent]
senador (m)	**сенатхо**	[senatho]
monarca (m)	**монарх**	[mɔnarh]
governante (m)	**урхалча**	[urhaltʃ]
ditador (m)	**диктатор**	[dɪktatɔr]
tirano (m)	**Iазапхо**	['azapho]
magnata (m)	**магнат**	[magnat]
diretor (m)	**директор**	[dɪrektɔr]
chefe (m)	**куьйгалхо**	[kʉjgalho]
dirigente (m)	**урхалхо**	[urhalho]
patrão (m)	**хьаькам**	[hækam]
dono (m)	**да**	[d]
chefe (~ de delegação)	**куьйгалхо**	[kʉjgalho]
autoridades (f pl)	**хьаькамаш**	[hækamaʃ]
superiores (m pl)	**хьаькамаш**	[hækamaʃ]
governador (m)	**губернатор**	[gubernatɔr]
cônsul (m)	**консул**	[kɔnsul]
diplomata (m)	**дипломат**	[dɪplɔmat]
Presidente (m) da Câmara	**мэр**	[mɛr]
xerife (m)	**шериф**	[ʃərɪf]
imperador (m)	**император**	[ɪmperatɔr]
czar (m)	**паччахь**	[patʃah]
faraó (m)	**пирIон**	[pɪr'ɔn]
cã (m)	**хан**	[han]

160. Viloação da lei. Criminosos. Parte 1

bandido (m)	**талорхо**	[talɔrhɔ]
crime (m)	**зулам**	[zulam]
criminoso (m)	**зуламхо**	[zulamho]
ladrão (m)	**къу**	[qʔu]
furto, roubo (m)	**къола**	[qʔɔl]
raptar (ex. ~ uma criança)	**лачкъо**	[latʃqʔɔ]
rapto (m)	**лачкъор**	[latʃqʔɔr]
raptor (m)	**лачкъийнарг**	[latʃqʔɪ:narg]
resgate (m)	**мах**	[mah]
pedir resgate	**мехах схьаэцар**	[mehah shaəʦar]
roubar (vt)	**талор дан**	[talɔr dan]
assalto, roubo (m)	**талор, талор дар**	[talɔr], [talɔr dar]

assaltante (m)	**талорхо**	[talɔrhɔ]
extorquir (vt)	**нуьцкъала даккха**	[nʉʦq?al dakq]
extorsionário (m)	**даккха гӀертарг**	[dakq ɣertarg]
extorsão (f)	**нуьцкъала даккхар**	[nʉʦq?al dakqar]
matar, assassinar (vt)	**ден**	[den]
homicídio (m)	**дер**	[der]
homicida, assassino (m)	**дийнарг**	[dɪ:narg]
tiro (m)	**ялар**	[jalar]
dar um tiro	**кхосса**	[qɔss]
matar a tiro	**тоьпаца ден**	[tøpaʦ den]
atirar, disparar (vi)	**кхийса**	[qɪ:s]
tiroteio (m)	**кхийсар**	[qɪ:sar]
incidente (m)	**хилларг**	[hɪllarg]
briga (~ de rua)	**вовшахлатар**	[vɔvʃahlatar]
Socorro!	**ГӀо дан кхайкха! Орца дала!**	[ɣɔ dan qajqa!], [ɔrʦ dal]
vítima (f)	**хӀаллакъхилларг**	[h'allaq?ɪllarg]
danificar (vt)	**зен дан**	[zen dan]
dano (m)	**зен**	[zen]
cadáver (m)	**дакъа**	[daq?]
grave	**доккха**	[dɔkq]
atacar (vt)	**тӀелата**	[t'elat]
bater (espancar)	**етта**	[ett]
espancar (vt)	**етта**	[ett]
tirar, roubar (dinheiro)	**дӀадаккха**	[d'adakq]
esfaquear (vt)	**урс хьакха**	[urs haq]
mutilar (vt)	**заьӀап дан**	[zæ'ap dan]
ferir (vt)	**чов ян**	[ʧɔv jan]
chantagem (f)	**шантаж**	[ʃantaʒ]
chantagear (vt)	**шантаж ян**	[ʃantaʒ jan]
chantagista (m)	**шантажхо**	[ʃantaʒho]
extorsão (em troca de proteção)	**рэкет**	[rɛket]
extorsionário (m)	**рэкитхо**	[rɛkɪtho]
gângster (m)	**гангстер**	[gangster]
máfia (f)	**мафи**	[mafɪ]
carteirista (m)	**кисанан курхалча**	[kɪsanan kurhalʧ]
assaltante, ladrão (m)	**къу**	[q?u]
contrabando (m)	**контрабанда**	[kɔntraband]
contrabandista (m)	**контрабандхо**	[kɔntrabandho]
falsificação (f)	**харц хӀума дар**	[harʦ h'um dar]
falsificar (vt)	**тардан**	[tardan]
falsificado	**харц**	[harʦ]

161. Viloação da lei. Criminosos. Parte 2

violação (f)	**хьийзор**	[hɪ:zɔr]
violar (vt)	**хьийзо**	[hɪ:zɔ]
violador (m)	**ницкъбархо**	[nɪʦqʔbarhɔ]
maníaco (m)	**маньяк**	[manjak]
prostituta (f)	**кхахьпа**	[qahp]
prostituição (f)	**кхахьпалла**	[qahpall]
chulo (m)	**сутенёр**	[sutenʲor]
toxicodependente (m)	**наркоман**	[narkɔman]
traficante (m)	**наркотикаш йохкархо**	[narkɔtɪkaʃ johkarhɔ]
explodir (vt)	**эккхийта**	[ɛkqɪ:t]
explosão (f)	**эккхар**	[ɛkqar]
incendiar (vt)	**лато**	[latɔ]
incendiário (m)	**цӀетасархо**	[ʦ'etasarhɔ]
terrorismo (m)	**терроризм**	[terrɔrɪzm]
terrorista (m)	**террорхо**	[terrɔrhɔ]
refém (m)	**закъалт**	[zaqʔalt]
enganar (vt)	**Ӏехо**	['eho]
engano (m)	**Ӏехор**	['ehor]
vigarista (m)	**хӀилланча**	[h'ɪllanʧ]
subornar (vt)	**эца**	[ɛʦ]
suborno (atividade)	**эцар**	[ɛʦar]
suborno (dinheiro)	**кхаъ**	[qaʔ]
veneno (m)	**дӀовш**	[d'ɔvʃ]
envenenar (vt)	**дӀовш мало**	[d'ɔvʃ malɔ]
envenenar-se (vr)	**дӀовш мала**	[d'ɔvʃ mal]
suicídio (m)	**ша-шен дар**	[ʃa ʃən dar]
suicida (m)	**ша-шен дийнарг**	[ʃa ʃən dɪ:narg]
ameaçar (vt)	**кхерам тийса**	[qeram tɪ:s]
ameaça (f)	**кхерор**	[qerɔr]
atentar contra a vida de ...	**гӀерта**	[ɣert]
atentado (m)	**гӀортар**	[ɣɔrtar]
roubar (o carro)	**дӀадига**	[d'adɪg]
desviar (o avião)	**дӀадига**	[d'adɪg]
vingança (f)	**чӀир**	[ʧ'ɪr]
vingar (vt)	**бекхам бан**	[beqam ban]
torturar (vt)	**Ӏазап дан**	['azap dan]
tortura (f)	**Ӏазап**	['azap]
atormentar (vt)	**Ӏазап далло**	['azap dallɔ]
pirata (m)	**пират**	[pɪrat]
desordeiro (m)	**хулиган**	[hulɪgan]

armado	**герзан**	[gerzan]
violência (f)	**ницкъ бар**	[nɪʦqʔ bar]
espionagem (f)	**шпионаж**	[ʃpɪɔnaʒ]
espionar (vi)	**зен**	[zen]

162. Polícia. Lei. Parte 1

justiça (f)	**дов хаттар**	[dɔv hattar]
tribunal (m)	**суд**	[sud]
juiz (m)	**суьдхо**	[sʉdho]
jurados (m pl)	**векалш**	[wekalʃ]
tribunal (m) do júri	**векалашан суьд**	[wekalaʃan sʉd]
julgar (vt)	**суд ян**	[sud jan]
advogado (m)	**хьехамча**	[hehamʧ]
réu (m)	**суьдерниг**	[sʉdernɪg]
banco (m) dos réus	**суьдерниган гӀант**	[sʉdernɪgan ɣant]
acusação (f)	**бехкедар**	[behkedar]
acusado (m)	**бехкевийриг**	[behkevɪːrɪg]
sentença (f)	**кхел**	[qel]
sentenciar (vt)	**кхел ян**	[qel jan]
culpado (m)	**бехкениг**	[behkenɪg]
punir (vt)	**таӀзар дан**	[ta'zar dan]
punição (f)	**таӀзар**	[ta'zar]
multa (f)	**гӀуда**	[ɣud]
prisão (f) perpétua	**валлалц чуволлар**	[vallalʦ ʧuvɔllar]
pena (f) de morte	**ден суд ян**	[den sud jan]
cadeira (f) elétrica	**электрически гӀант**	[ɛlektrɪʧeskɪ ɣant]
forca (f)	**тангӀалкх**	[tanɣalq]
executar (vt)	**ден**	[den]
execução (f)	**ден суд яр**	[den sud jar]
prisão (f)	**набахте**	[nabahte]
cela (f) de prisão	**камера**	[kamer]
escolta (f)	**кано**	[kanɔ]
guarda (m) prisional	**тӀехьожург**	[t'ehɔʒurg]
preso (m)	**лаьцна стаг**	[læʦn stag]
algemas (f pl)	**гӀоьмаш**	[ɣømaʃ]
algemar (vt)	**гӀоьмаш йохка**	[ɣømaʃ johk]
fuga, evasão (f)	**дадар**	[dadar]
fugir (vi)	**дада**	[dad]
desaparecer (vi)	**къайладала**	[qʔajladal]
soltar, libertar (vt)	**мукъадаккха**	[muqʔadakq]
amnistia (f)	**амнисти**	[amnɪstɪ]

polícia (instituição)	**полици**	[pɔlɪʦɪ]
polícia (m)	**полици**	[pɔlɪʦɪ]
esquadra (f) de polícia	**полицин дакъа**	[pɔlɪʦɪn daqʔ]
cassetete (m)	**резинин чхьонкар**	[rezɪnɪn ʧhɔnkar]
megafone (m)	**рупор**	[rupɔr]
carro (m) de patrulha	**патрулан машина**	[patrulan maʃɪn]
sirene (f)	**сирена**	[sɪren]
ligar a sirene	**сирена лато**	[sɪren latɔ]
toque (m) da sirene	**угӀар**	[uɣar]
cena (f) do crime	**хилла меттиг**	[hɪll mettɪg]
testemunha (f)	**теш**	[teʃ]
liberdade (f)	**паргӀато**	[parɣatɔ]
cúmplice (m)	**декъахо**	[deqʔaho]
escapar (vi)	**къайладала**	[qʔajladal]
traço (não deixar ~s)	**лар**	[lar]

163. Polícia. Lei. Parte 2

procura (f)	**лахар**	[lahar]
procurar (vt)	**леха**	[leh]
suspeita (f)	**шекьхилар**	[ʃəkʲhɪlar]
suspeito	**шеконан**	[ʃəkɔnan]
parar (vt)	**сацо**	[saʦɔ]
deter (vt)	**сацо**	[saʦɔ]
caso (criminal)	**дов**	[dɔv]
investigação (f)	**таллам**	[tallam]
detetive (m)	**детектив, лахарча**	[detektɪv], [laharʧ]
investigador (m)	**талламхо**	[tallamho]
versão (f)	**верси**	[wersɪ]
motivo (m)	**бахьана**	[bahan]
interrogatório (m)	**ледар**	[ledar]
interrogar (vt)	**ледан**	[ledan]
questionar (vt)	**ледан**	[ledan]
verificação (f)	**хьажар**	[haʒar]
batida (f) policial	**го бар**	[gɔ bar]
busca (f)	**хьажар**	[haʒar]
perseguição (f)	**тӀаьхьадалар**	[t'æhadalar]
perseguir (vt)	**тӀаьхьадаьлла лела**	[t'œhadæll lel]
seguir (vt)	**хьежа**	[heʒ]
prisão (f)	**лацар**	[laʦar]
prender (vt)	**лаца**	[laʦ]
pegar, capturar (vt)	**схьалаца**	[shalaʦ]
documento (m)	**документ**	[dɔkument]
prova (f)	**тешам**	[teʃam]
provar (vt)	**тешо**	[teʃɔ]
pegada (f)	**лар**	[lar]
impressões (f pl) digitais	**тӀелгийн таммагӀанаш**	[t'elgɪ:n tammaɣanaʃ]

prova (f)	**бахьана**	[bahan]
álibi (m)	**алиби**	[alɪbɪ]
inocente	**бехке доцу**	[behke dɔtsu]
injustiça (f)	**нийсо цахилар**	[nɪ:sɔ tsahɪlar]
injusto	**нийса доцу**	[nɪ:s dɔtsu]
criminal	**криминалан**	[krɪmɪnalan]
confiscar (vt)	**пачхьалкхдаккха**	[patʃhalqdakq]
droga (f)	**наркотик**	[narkɔtɪk]
arma (f)	**герз**	[gerz]
desarmar (vt)	**герз схьадаккха**	[gerz shadakq]
ordenar (vt)	**омра дан**	[ɔmr dan]
desaparecer (vi)	**къайладала**	[qʔajladal]
lei (f)	**закон**	[zakɔn]
legal	**законехь**	[zakɔneh]
ilegal	**законехь доцу**	[zakɔneh dɔtsu]
responsabilidade (f)	**жоьпалла**	[ʒøpall]
responsável	**жоьпаллин**	[ʒøpallɪn]

NATUREZA

A Terra. Parte 1

164. Espaço sideral

cosmos (m)	**космос**	[kɔsmɔs]
cósmico	**космосан**	[kɔsmɔsɑn]
espaço (m) cósmico	**космосан меттиг**	[kɔsmɔsɑn mettɪg]
mundo (m)	**дуьне**	[dʉne]
universo (m)	**Iалам**	['ɑlɑm]
galáxia (f)	**галактика**	[gɑlɑktɪk]
estrela (f)	**седа**	[sed]
constelação (f)	**седарчий гулам**	[sedɑrʧɪ: gulɑm]
planeta (m)	**дуьне**	[dʉne]
satélite (m)	**спутник**	[sputnɪk]
meteorito (m)	**метеорит**	[meteɔrɪt]
cometa (m)	**комета**	[kɔmet]
asteroide (m)	**астероид**	[ɑsterɔɪd]
órbita (f)	**орбита**	[ɔrbɪt]
girar (vi)	**хьийза**	[hɪ:z]
atmosfera (f)	**хIаваъ**	[h'ɑvɑʔ]
Sol (m)	**Малх**	[mɑlh]
Sistema (m) Solar	**Маьлхан система**	[mælhɑn sɪstem]
eclipse (m) solar	**малх лацар**	[mɑlh lɑʦɑr]
Terra (f)	**Латта**	[lɑtt]
Lua (f)	**Бутт**	[butt]
Marte (m)	**Марс**	[mɑrs]
Vénus (f)	**Венера**	[wener]
Júpiter (m)	**Юпитер**	[jupɪter]
Saturno (m)	**Сатурн**	[sɑturn]
Mercúrio (m)	**Меркурий**	[merkurɪ:]
Urano (m)	**Уран**	[urɑn]
Neptuno (m)	**Нептун**	[neptun]
Plutão (m)	**Плутон**	[plutɔn]
Via Láctea (f)	**Ча таккхийна Тача**	[ʧɑ tɑqɪ:n luʧ]
Ursa Maior (f)	**Ворх1 вешин ворх1 седа**	[vɔrh weʃɪn vɔrh sed]
Estrela Polar (f)	**Къилбаседа**	[qʔɪlbɑsed]
marciano (m)	**марсианин**	[mɑrsɪɑnɪn]
extraterrestre (m)	**инопланетянин**	[ɪnɔplɑnetʲɑnɪn]

alienígena (m)	**пришелец**	[prɪʃəlets]
disco (m) voador	**хIаваэхула лела тарелка**	[h'avaɛhul lel tarelk]
nave (f) espacial	**космосан кема**	[kɔsmɔsan kem]
estação (f) orbital	**орбитин станци**	[ɔrbɪtɪn stantsɪ]
lançamento (m)	**старт**	[start]
motor (m)	**двигатель**	[dwɪgatelj]
bocal (m)	**сопло**	[sɔplɔ]
combustível (m)	**ягорг**	[jagɔrg]
cabine (f)	**кабина**	[kabɪn]
antena (f)	**антенна**	[anten]
vigia (f)	**иллюминатор**	[ɪllʉmɪnatɔr]
bateria (f) solar	**маьлхан батарей**	[mælhan batarej]
traje (m) espacial	**скафандр**	[skafandr]
imponderabilidade (f)	**йозалла яр**	[jozall jar]
oxigénio (m)	**кислород**	[kɪslɔrɔd]
acoplagem (f)	**вовшахтасар**	[vɔvʃahtasar]
fazer uma acoplagem	**вовшахтасса**	[vɔvʃahtass]
observatório (m)	**обсерватори**	[ɔbservatɔrɪ]
telescópio (m)	**телескоп**	[teleskɔp]
observar (vt)	**тергам бан**	[tergam ban]
explorar (vt)	**талла**	[tall]

165. A Terra

Terra (f)	**Латта**	[latt]
globo terrestre (Terra)	**дуьне**	[dʉne]
planeta (m)	**дуьне, планета**	[dʉne], [planet]
atmosfera (f)	**атмосфера**	[atmɔsfer]
geografia (f)	**географи**	[geɔgrafɪ]
natureza (f)	**Iалам**	['alam]
globo (mapa esférico)	**глобус**	[glɔbus]
mapa (m)	**карта**	[kart]
atlas (m)	**атлас**	[atlas]
Europa (f)	**Европа**	[evrɔp]
Ásia (f)	**Ази**	[azɪ]
África (f)	**Африка**	[afrɪk]
Austrália (f)	**Австрали**	[avstralɪ]
América (f)	**Америка**	[amerɪk]
América (f) do Norte	**Къилбаседан Америка**	[qʔɪlbasedan amerɪk]
América (f) do Sul	**Къилбера Америка**	[qʔɪlber amerɪk]
Antártida (f)	**Антарктида**	[antarktɪd]
Ártico (m)	**Арктика**	[arktɪk]

166. Pontos cardeais

norte (m)	**къилбаседа**	[q?ɪlbased]
para norte	**къилбаседехьа**	[q?ɪlbasedeh]
no norte	**къилбаседехь**	[q?ɪlbasedeh]
do norte	**къилбаседан**	[q?ɪlbasedan]
sul (m)	**къилбе**	[q?ɪlbe]
para sul	**къилбехьа**	[q?ɪlbeh]
no sul	**къилбехь**	[q?ɪlbeh]
do sul	**къилбера**	[q?ɪlber]
oeste, ocidente (m)	**малхбузе**	[malhbuze]
para oeste	**малхбузехьа**	[malhbuzeh]
no oeste	**малхбузехь**	[malhbuzeh]
ocidental	**малхбузера**	[malhbuzer]
leste, oriente (m)	**малхбале**	[malhbale]
para leste	**малхбалехьа**	[malhbaleh]
no leste	**малхбалехь**	[malhbaleh]
oriental	**малхбалехьара**	[malhbalehar]

167. Mar. Oceano

mar (m)	**хIорд**	[h'ɔrd]
oceano (m)	**хIорд, океан**	[h'ɔrd], [ɔkean]
golfo (m)	**айма**	[ajm]
estreito (m)	**хидоькъе**	[hɪdøq?e]
terra (f) firme	**латта**	[latt]
continente (m)	**материк**	[materɪk]
ilha (f)	**гIайре**	[ɣajre]
península (f)	**ахгIайре**	['ahɣajre]
arquipélago (m)	**архипелаг**	[arhɪpelag]
baía (f)	**бухта**	[buht]
porto (m)	**гавань**	[gavanj]
lagoa (f)	**лагуна**	[lagun]
cabo (m)	**мара**	[mar]
atol (m)	**атолл**	[atɔll]
recife (m)	**риф**	[rɪf]
coral (m)	**маржак**	[marʒak]
recife (m) de coral	**маржанийн риф**	[marʒanɪ:n rɪf]
profundo	**кIоарга**	[k'ɔarg]
profundidade (f)	**кIоргалла**	[k'ɔrgall]
abismo (m)	**бух боцу Iин**	[buh bɔʦu 'ɪn]
fossa (f) oceânica	**кIаг**	[k'ag]
corrente (f)	**дIаэхар**	[d'aəhar]
banhar (vt)	**го баьккхина хи хила**	[gɔ bækqɪn hɪ hɪl]
litoral (m)	**хийист**	[hɪ:ɪst]

costa (f)	**йист**	[jɪst]
maré (f) alta	**хlорд тlекхетар**	[h'ɔrd t'eqetɑr]
refluxo (m), maré (f) baixa	**хlорд чубожа боьлла**	[h'ɔrd ʧubɔʒ bøll]
restinga (f)	**гомхе**	[gɔmhe]
fundo (m)	**бух**	[buh]
onda (f)	**тулгlе**	[tulɣe]
crista (f) da onda	**тулгlийн дукъ**	[tulɣɪ:n duqʔ]
espuma (f)	**чопа**	[ʧɔp]
tempestade (f)	**дарц**	[dɑrʦ]
furacão (m)	**мох балар**	[mɔh bɑlɑr]
tsunami (m)	**цунами**	[ʦunɑmɪ]
calmaria (f)	**штиль**	[ʃtɪlj]
calmo	**тийна**	[tɪ:n]
polo (m)	**полюс**	[pɔlʉs]
polar	**полюсан**	[pɔlʉsɑn]
latitude (f)	**шоралла**	[ʃɔrɑll]
longitude (f)	**дохалла**	[dɔhɑll]
paralela (f)	**параллель**	[pɑrɑllelj]
equador (m)	**экватор**	[ɛkvɑtɔr]
céu (m)	**дуьне**	[dʉne]
horizonte (m)	**ана**	[ɑn]
ar (m)	**хlаваъ**	[h'ɑvɑʔ]
farol (m)	**маяк**	[mɑjɑk]
mergulhar (vi)	**чулелха**	[ʧulelh]
afundar-se (vr)	**бухадаха**	[buhɑdɑh]
tesouros (m pl)	**хазна**	[hɑzn]

168. Montanhas

montanha (f)	**лам**	[lɑm]
cordilheira (f)	**ламнийн могlа**	[lɑmnɪ:n mɔɣ]
serra (f)	**ламанан дукъ**	[lɑmɑnɑn duqʔ]
cume (m)	**бохь**	[bɔh]
pico (m)	**бохь**	[bɔh]
sopé (m)	**кlажа**	[k'ɑʒ]
declive (m)	**басе**	[bɑse]
vulcão (m)	**тlаплам**	[t'ɑplɑm]
vulcão (m) ativo	**тlепинг**	[t'epɪng]
vulcão (m) extinto	**байна тlаплам**	[bɑjn t'ɑplɑm]
erupção (f)	**хьалатохар**	[hɑlɑtɔhɑr]
cratera (f)	**кратер**	[krɑter]
magma (m)	**магма**	[mɑgm]
lava (f)	**лава**	[lɑv]
fundido (lava ~a)	**цlийдина**	[ʦ'ɪ:dɪn]
desfiladeiro (m)	**lин**	['ɪn]

garganta (f)	**чlож**	[ʧ'ɔʒ]
fenda (f)	**чlаж**	[ʧ'ɑʒ]
passo, colo (m)	**ламанан дукъ**	[lɑmɑnɑn duqʔ]
planalto (m)	**акъари**	['ɑqʔɑrɪ]
falésia (f)	**тарх**	[tɑrh]
colina (f)	**гу**	[gu]
glaciar (m)	**ша-ор**	[ʃɑ ɔr]
queda (f) d'água	**чухчари**	[ʧuhʧɑrɪ]
géiser (m)	**гейзер**	[gejzer]
lago (m)	**lам**	['ɑm]
planície (f)	**аре**	[ɑre]
paisagem (f)	**пейзаж**	[pejzɑʒ]
eco (m)	**йилбазмохь**	[jɪlbɑzmɔh]
alpinista (m)	**алтпинист**	[ɑltpɪnɪst]
escalador (m)	**тархашхо**	[tɑrhɑʃho]
conquistar (vt)	**карадало**	[kɑrɑdɑlɔ]
subida, escalada (f)	**тlедалар**	[t'edɑlɑr]

169. Rios

rio (m)	**доьду хи**	[dødu hɪ]
fonte, nascente (f)	**хьост, шовда**	[hɔst], [ʃɔvd]
leito (m) do rio	**харш**	[hɑrʃ]
bacia (f)	**бассейн**	[bɑssejn]
desaguar no ...	**кхета**	[qet]
afluente (m)	**га**	[g]
margem (do rio)	**хийист**	[hɪːɪst]
corrente (f)	**дlаэхар**	[d'ɑəhɑr]
rio abaixo	**хица охьа**	[hɪʦ ɔh]
rio acima	**хица хьала**	[hɪʦ hɑl]
inundação (f)	**хи тlедалар**	[hɪ t'edɑlɑr]
cheia (f)	**дестар**	[destɑr]
transbordar (vi)	**деста**	[dest]
inundar (vt)	**дlахьулдан**	[d'ɑhuldɑn]
banco (m) de areia	**гомхалла**	[gɔmhɑll]
rápidos (m pl)	**тарх**	[tɑrh]
barragem (f)	**сунт**	[sunt]
canal (m)	**татол**	[tɑtɔl]
reservatório (m) de água	**латтийла**	[lɑttɪːl]
eclusa (f)	**шлюз**	[ʃlʉz]
corpo (m) de água	**lам**	['ɑm]
pântano (m)	**уьшал**	[ʉʃɑl]
tremedal (m)	**уьшал**	[ʉʃɑl]
remoinho (m)	**айма**	[ɑjm]

arroio, regato (m)	**татол**	[tatɔl]
potável	**молу**	[mɔlu]
doce (água)	**теза**	[tez]
gelo (m)	**ша**	[ʃ]
congelar-se (vr)	**ша бан**	[ʃa ban]

170. Floresta

floresta (f), bosque (m)	**хьун**	[hun]
florestal	**хьунан**	[hunan]
mata (f) cerrada	**варш**	[varʃ]
arvoredo (m)	**боьлак**	[bølak]
clareira (f)	**ирзу**	[ɪrzu]
matagal (m)	**коьллаш**	[køllaʃ]
mato (m)	**колл**	[kɔll]
vereda (f)	**тача**	[taʧ]
ravina (f)	**боьра**	[bør]
árvore (f)	**дитт**	[dɪtt]
folha (f)	**гӀа**	[ɣa]
folhagem (f)	**гӀаш**	[ɣaʃ]
queda (f) das folhas	**гӀа дожар**	[ɣa dɔʒar]
cair (vi)	**охьа дожа**	[ɔh dɔʒ]
topo (m)	**бохь**	[bɔh]
ramo (m)	**га**	[g]
galho (m)	**га**	[g]
botão, rebento (m)	**патар**	[patar]
agulha (f)	**кӀохцалг**	[k'ɔhʦalg]
pinha (f)	**бӀар**	[b'ar]
buraco (m) de árvore	**хара**	[har]
ninho (m)	**бен**	[ben]
toca (f)	**Ӏуьрг**	['ʉrg]
tronco (m)	**гӀад**	[ɣad]
raiz (f)	**орам**	[ɔram]
casca (f) de árvore	**кевстиг**	[kevstɪg]
musgo (m)	**корсам**	[kɔrsam]
arrancar pela raiz	**бухдаккха**	[buhdakq]
cortar (vt)	**хьакха**	[haq]
desflorestar (vt)	**хьакха**	[haq]
toco, cepo (m)	**юьхк**	[juhk]
fogueira (f)	**цӀе**	[ʦ'e]
incêndio (m) florestal	**цӀе**	[ʦ'e]
apagar (vt)	**дӀадайа**	[d'adaj]
guarda-florestal (m)	**хьуьнхо**	[hʉnho]

proteção (f)	**лардар**	[lardar]
proteger (a natureza)	**лардан**	[lardan]
caçador (m) furtivo	**браконьер**	[brakɔnjer]
armadilha (f)	**гура**	[gur]
colher (cogumelos, bagas)	**лахьо**	[lahɔ]
perder-se (vr)	**тила**	[tɪl]

171. Recursos naturais

recursos (m pl) naturais	**Іаламан тІаьхьалонаш**	['alaman t'æhalɔnaʃ]
minerais (m pl)	**пайде маьІданаш**	[pajde mæ'danaʃ]
depósitos (m pl)	**маьІданаш**	[mæ'danaʃ]
jazida (f)	**маьІданаш дохку**	[mæ'danaʃ dɔhku]
extrair (vt)	**даккха**	[dakq]
extração (f)	**даккхар**	[dakqar]
minério (m)	**маьІда**	[mæ'd]
mina (f)	**маьІда доккхийла, шахта**	[mæ'd dɔkqɪ:l], [ʃaht]
poço (m) de mina	**шахта**	[ʃaht]
mineiro (m)	**кІорабаккхархо**	[k'ɔrabakqarhɔ]
gás (m)	**газ**	[gaz]
gasoduto (m)	**газъюьгург**	[gazʔʉgurg]
petróleo (m)	**нефть**	[neftʲ]
oleoduto (m)	**нефтьузург**	[neftʲuzurg]
poço (m) de petróleo	**нефтан чардакх**	[neftan ʧardaq]
torre (f) petrolífera	**буру туху вышка**	[buru tuhu vɪʃk]
petroleiro (m)	**танкер**	[tanker]
areia (f)	**гІум**	[ɣum]
calcário (m)	**кир-маьІда**	[kɪr mæ'd]
cascalho (m)	**жагІа**	[ʒaɣ]
turfa (f)	**Іеха**	['eh]
argila (f)	**поппар**	[pɔppar]
carvão (m)	**кІора**	[k'ɔr]
ferro (m)	**эчиг**	[ɛʧɪg]
ouro (m)	**деши**	[deʃɪ]
prata (f)	**дети**	[detɪ]
níquel (m)	**никель**	[nɪkelj]
cobre (m)	**цІаста**	[ʦ'ast]
zinco (m)	**цинк**	[ʦɪnk]
manganês (m)	**марганец**	[marganeʦ]
mercúrio (m)	**гинсу**	[gɪnsu]
chumbo (m)	**даш**	[daʃ]
mineral (m)	**минерал**	[mɪneral]
cristal (m)	**кристалл**	[krɪstall]
mármore (m)	**шагатІулг**	[ʃagat'ulg]
urânio (m)	**уран**	[uran]

A Terra. Parte 2

172. Tempo

tempo (m)	**хенан хIоттам**	[henan h'ɔttam]
previsão (f) do tempo	**хенан хIоттаман прогноз**	[henan h'ɔttaman prɔgnɔz]
temperatura (f)	**температура**	[temperatur]
termómetro (m)	**термометр**	[termɔmetr]
barómetro (m)	**барометр**	[barɔmetr]
humidade (f)	**тIуьнан**	[t'ʉnan]
calor (m)	**йовхо**	[jovho]
cálido	**довха**	[dɔvh]
está muito calor	**йовха**	[jovh]
está calor	**йовха**	[jovh]
quente	**довха**	[dɔvh]
está frio	**шийла**	[ʃɪ:l]
frio	**шийла**	[ʃɪ:l]
sol (m)	**малх**	[malh]
brilhar (vi)	**кхета**	[qet]
de sol, ensolarado	**маьлхан**	[mælhan]
nascer (vi)	**схьакхета**	[shaqet]
pôr-se (vr)	**чубуза**	[ʧubuz]
nuvem (f)	**марха**	[marh]
nublado	**мархаш йолу**	[marhaʃ jolu]
nuvem (f) preta	**марха**	[marh]
escuro, cinzento	**кхоьлина**	[qølɪn]
chuva (f)	**догIа**	[dɔɣ]
está a chover	**догIа догIу**	[dɔɣ dɔɣu]
chuvoso	**догIане**	[dɔɣane]
chuviscar (vi)	**серса**	[sers]
chuva (f) torrencial	**кхевсина догIа**	[qevsɪn dɔɣ]
chuvada (f)	**догIа**	[dɔɣ]
forte (chuva)	**чIогIа**	[ʧ'ɔɣ]
poça (f)	**Iам**	['am]
molhar-se (vr)	**тIадо**	[t'adɔ]
nevoeiro (m)	**дохк**	[dɔhk]
de nevoeiro	**дохк долу**	[dɔhk dɔlu]
neve (f)	**ло**	[lɔ]
está a nevar	**ло догIу**	[lɔ dɔɣu]

173. Tempo extremo. Catástrofes naturais

trovoada (f)	**йочана**	[jotʃan]
relâmpago (m)	**ткъес**	[tqʔes]
relampejar (vi)	**стега**	[steg]
trovão (m)	**стигал къовкъар**	[stɪgal qʔɔvqʔar]
trovejar (vi)	**къекъа**	[qʔeqʔ]
está a trovejar	**стигал къекъа**	[stɪgal qʔeqʔ]
granizo (m)	**къора**	[qʔɔr]
está a cair granizo	**къора йогIу**	[qʔɔr joɣu]
inundar (vt)	**дIахьулдан**	[d'ahuldan]
inundação (f)	**хи тIедалар**	[hɪ t'edalar]
terremoto (m)	**мохк бегор**	[mɔhk begɔr]
abalo, tremor (m)	**дегар**	[degar]
epicentro (m)	**эпицентр**	[ɛpɪtsentr]
erupção (f)	**хьалатохар**	[halatɔhar]
lava (f)	**лава**	[lav]
turbilhão (m)	**йилбазмох**	[jɪlbazmɔh]
tornado (m)	**торнадо**	[tɔrnadɔ]
tufão (m)	**тайфун**	[tajfun]
furacão (m)	**мох балар**	[mɔh balar]
tempestade (f)	**дарц**	[darts]
tsunami (m)	**цунами**	[tsunamɪ]
ciclone (m)	**дарц**	[darts]
mau tempo (m)	**йочана**	[jotʃan]
incêndio (m)	**цIе**	[ts'e]
catástrofe (f)	**катастрофа**	[katastrɔf]
meteorito (m)	**метеорит**	[meteɔrɪt]
avalanche (f)	**хьаьтт**	[hætt]
deslizamento (m) de neve	**чухарцар**	[tʃuhartsar]
nevasca (f)	**дарц**	[darts]
tempestade (f) de neve	**дарц**	[darts]

Fauna

174. Mamíferos. Predadores

predador (m)	**гӀира экха**	[ɣɪr ɛq]
tigre (m)	**цӀоькъалом**	[ʦ'øqʔalɔm]
leão (m)	**лом**	[lɔm]
lobo (m)	**борз**	[bɔrz]
raposa (f)	**цхьогал**	[ʦhɔgal]
jaguar (m)	**ягуар**	[jaguar]
leopardo (m)	**леопард**	[leɔpard]
chita (f)	**гепард**	[gepard]
pantera (f)	**пантера**	[panter]
puma (m)	**пума**	[pum]
leopardo-das-neves (m)	**лайн цӀокъ**	[lajn ʦ'ɔqʔ]
lince (m)	**акха цициг**	[aq ʦɪʦɪg]
coiote (m)	**койот**	[kɔjot]
chacal (m)	**чаг1алкх**	[ʧaɣalq]
hiena (f)	**чаг1алкх**	[ʧaɣalq]

175. Animais selvagens

animal (m)	**дийнат**	[dɪ:nat]
besta (f)	**экха**	[ɛq]
esquilo (m)	**тарсал**	[tarsal]
ouriço (m)	**зу**	[zu]
lebre (f)	**пхьагал**	[phagal]
coelho (m)	**кролик**	[krɔlɪk]
texugo (m)	**даӀам**	[da'am]
guaxinim (m)	**акха жӀаьла**	['aq ʒ'æl]
hamster (m)	**оьпа**	[øp]
marmota (f)	**дӀам**	[d'am]
toupeira (f)	**боьлкъазар**	[bølqʔazar]
rato (m)	**дахка**	[dahk]
ratazana (f)	**мукадахка**	[mukadahk]
morcego (m)	**бирдолаг**	[bɪrdɔlag]
arminho (m)	**горностай**	[gɔrnɔstaj]
zibelina (f)	**салор**	[salɔr]
marta (f)	**салор**	[salɔr]
doninha (f)	**дингад**	[dɪngad]
vison (m)	**норка**	[nɔrk]

castor (m)	**бобр**	[bɔbr]
lontra (f)	**хешт**	[heʃt]
cavalo (m)	**говр**	[gɔvr]
alce (m)	**боккха сай**	[bɔkq saj]
veado (m)	**сай**	[saj]
camelo (m)	**эмкал**	[ɛmkal]
bisão (m)	**бизон**	[bɪzɔn]
auroque (m)	**була**	[bul]
búfalo (m)	**гомаш-буга**	[gɔmaʃ bug]
zebra (f)	**зебр**	[zebr]
antílope (m)	**антилопа**	[antɪlɔp]
corça (f)	**лу**	[lu]
gamo (m)	**шоьккари**	[ʃøkkarɪ]
camurça (f)	**масар**	[masar]
javali (m)	**нал**	[nal]
baleia (f)	**кит**	[kɪt]
foca (f)	**тюлень**	[tʉlenj]
morsa (f)	**морж**	[mɔrʒ]
urso-marinho (m)	**котик**	[kɔtɪk]
golfinho (m)	**дельфин**	[deljfɪn]
urso (m)	**ча**	[ʧ]
urso (m) branco	**кӀайн ча**	[k'ajn ʧa]
panda (m)	**панда**	[pand]
macaco (em geral)	**маймал**	[majmal]
chimpanzé (m)	**шимпанзе**	[ʃɪmpanze]
orangotango (m)	**орангутанг**	[ɔrangutang]
gorila (m)	**горилла**	[gɔrɪll]
macaco (m)	**макака**	[makak]
gibão (m)	**гиббон**	[gɪbbɔn]
elefante (m)	**пийл**	[pɪ:l]
rinoceronte (m)	**мермаӀа**	[merma']
girafa (f)	**жираф**	[ʒɪraf]
hipopótamo (m)	**бегемот**	[begemɔt]
canguru (m)	**кенгуру**	[kenguru]
coala (m)	**коала**	[kɔal]
mangusto (m)	**мангуст**	[mangust]
chinchila (m)	**шиншилла**	[ʃɪnʃɪll]
doninha-fedorenta (f)	**скунс**	[skuns]
porco-espinho (m)	**дикобраз**	[dɪkɔbraz]

176. Animais domésticos

gata (f)	**цициг**	[ʦɪʦɪg]
gato (m) macho	**цициг**	[ʦɪʦɪg]
cavalo (m)	**говр**	[gɔvr]

garanhão (m)	**айгlар**	['ajɣar]
égua (f)	**кхела**	[qel]
vaca (f)	**етта**	[ett]
touro (m)	**сту**	[stu]
boi (m)	**сту**	[stu]
ovelha (f)	**жий**	[ʒɪː]
carneiro (m)	**уьстагl**	[ʉstaɣ]
cabra (f)	**газа**	[gaz]
bode (m)	**бож**	[bɔʒ]
burro (m)	**вир**	[wɪr]
mula (f)	**бlарза**	[b'arz]
porco (m)	**хьакха**	[haq]
leitão (m)	**хуьрсик**	[hʉrsɪk]
coelho (m)	**кролик**	[krɔlɪk]
galinha (f)	**котам**	[kɔtam]
galo (m)	**боргlал**	[bɔrɣal]
pata (f)	**бад**	[bad]
pato (macho)	**нlаьна-бад**	[n'æn bad]
ganso (m)	**гlаз**	[ɣaz]
peru (m)	**москал-нlаьна**	[mɔskal n'æn]
perua (f)	**москал-котам**	[mɔskal kɔtam]
animais (m pl) domésticos	**цlера дийнаташ**	[ʦ'er dɪːnataʃ]
domesticado	**караlамийна**	[kara'amɪːn]
domesticar (vt)	**караlамо**	[kara'amɔ]
criar (vt)	**лело**	[lelɔ]
quinta (f)	**ферма**	[ferm]
aves (f pl) domésticas	**злакардаьхний**	[z'akardæhnɪː]
gado (m)	**хьайбанаш**	[hajbanaʃ]
rebanho (m), manada (f)	**бажа**	[baʒ]
estábulo (m)	**божал**	[bɔʒal]
pocilga (f)	**хьакхарчийн божал**	[haqarʧɪːn bɔʒal]
estábulo (m)	**божал**	[bɔʒal]
coelheira (f)	**кроликийн бун**	[krɔlɪkɪːn bun]
galinheiro (m)	**котаман бун**	[kɔtaman bun]

177. Cães. Raças de cães

cão (m)	**жlаьла**	[ʒ'æl]
cão pastor (m)	**жен жlаьла**	[ʒen ʒ'æl]
caniche (m)	**пудель**	[pudelj]
teckel (m)	**такса**	[taks]
buldogue (m)	**бульдог**	[buljdɔg]
boxer (m)	**боксёр**	[bɔksʲor]

mastim (m)	**мастиф**	[mastɪf]
rottweiler (m)	**ротвейлер**	[rɔtwejler]
dobermann (m)	**доберман**	[dɔberman]
basset (m)	**бассет**	[basset]
pastor inglês (m)	**бобтейл**	[bɔbtejl]
dálmata (m)	**далматинец**	[dalmatɪnets]
cocker spaniel (m)	**кокер-спаниель**	[kɔker spanɪelj]
terra-nova (m)	**ньюфаундленд**	[njʉfaundlend]
são-bernardo (m)	**сенбернар**	[senbernar]
husky (m)	**хаски**	[haskɪ]
Chow-chow (m)	**чау-чау**	[ʧau ʧau]
spitz alemão (m)	**кlезалг**	[k'ezalg]
carlindogue (m)	**мопс**	[mɔps]

178. Sons produzidos pelos animais

latido (m)	**гlалх**	[ɣalh]
latir (vi)	**гlалх дан**	[ɣalh dan]
miar (vi)	**lаха**	['ah]
ronronar (vi)	**мур дан**	[mur dan]
mugir (vaca)	**lеха**	['eh]
bramir (touro)	**lеха**	['eh]
rosnar (vi)	**гlигl дан**	[ɣɪɣ dan]
uivo (m)	**угlар**	[uɣar]
uivar (vi)	**угlа**	[uɣ]
ganir (vi)	**цlовза**	[ʦ'ɔvz]
balir (vi)	**lеха**	['eh]
grunhir (porco)	**хур-хур дан**	[hur hur dan]
guinchar (vi)	**цlовза**	[ʦ'ɔvz]
coaxar (sapo)	**вакъ-вакъ баха**	[vaqʔ vaqʔ bah]
zumbir (inseto)	**зуз дан**	[zuz dan]
estridular, ziziar (vi)	**чlа-чlа дан**	[ʧ'a ʧ'a dan]

179. Pássaros

pássaro (m), ave (f)	**олхазар**	[ɔlhazar]
pombo (m)	**кхокха**	[qɔq]
pardal (m)	**хьоза**	[hɔz]
chapim-real (m)	**цlирцlирхьоза**	[ʦ'ɪrʦ'ɪrhɔz]
pega-rabuda (f)	**къорза къиг**	[qʔɔrz qʔɪg]
corvo (m)	**хьаргlа**	[harɣ]
gralha (f) cinzenta	**къиг**	[qʔɪg]
gralha-de-nuca-cinzenta (f)	**жагlжагlа**	[ʒaɣʒaɣ]
gralha-calva (f)	**човка**	[ʧɔvk]

pato (m)	**бад**	[bad]
ganso (m)	**гӀаз**	[ɣaz]
faisão (m)	**акха котам**	[aq kɔtam]
águia (f)	**аьрзу**	[ærzu]
açor (m)	**куьйра**	[kʉjr]
falcão (m)	**леча**	[letʃ]
abutre (m)	**ломъаьрзу**	[lɔmʔærzu]
condor (m)	**кондор**	[kɔndɔr]
cisne (m)	**гӀургӀаз**	[ɣurɣaz]
grou (m)	**гӀаргӀули**	[ɣarɣulɪ]
cegonha (f)	**чӀерийдохург**	[tʃʼerɪ:dɔhurg]
papagaio (m)	**тоти**	[tɔtɪ]
beija-flor (m)	**колибри**	[kɔlɪbrɪ]
pavão (m)	**тӀаус**	[tʼaus]
avestruz (m)	**страус**	[straus]
garça (f)	**чӀерийлоьцург**	[tʃʼerɪ:løtsurg]
flamingo (m)	**фламинго**	[flamɪngɔ]
pelicano (m)	**пеликан**	[pelɪkan]
rouxinol (m)	**зарзар**	[zarzar]
andorinha (f)	**чӀегӀардиг**	[tʃʼeɣardɪg]
tordo-zornal (m)	**шоршал**	[ʃɔrʃal]
tordo-músico (m)	**дека шоршал**	[dek ʃɔrʃal]
melro-preto (m)	**Ӏаьржа шоршал**	[ʼærʒ ʃɔrʃal]
andorinhão (m)	**мерцхалдиг**	[mertshaldɪg]
cotovia (f)	**нӀаьвла**	[nʼævl]
codorna (f)	**лекъ**	[leqʔ]
pica-pau (m)	**хенакӀур**	[henakʼur]
cuco (m)	**хӀуттут**	[hʼuttut]
coruja (f)	**бухӀа**	[buhʼ]
corujão, bufo (m)	**соька**	[søk]
tetraz-grande (m)	**къоракуота**	[qʔɔrakuɔt]
tetraz-lira (m)	**акха котам**	[aq kɔtam]
perdiz-cinzenta (f)	**моша**	[mɔʃ]
estorninho (m)	**алкханч**	[alqantʃ]
canário (m)	**можа хьоза**	[mɔʒ hɔz]
galinha-do-mato (f)	**акха котам**	[aq kɔtam]
tentilhão (m)	**хьуьнан хьоза**	[hʉnan hɔz]
dom-fafe (m)	**лайн хьоза**	[lajn hɔz]
gaivota (f)	**чайка**	[tʃajk]
albatroz (m)	**альбатрос**	[aljbatrɔs]
pinguim (m)	**пингвин**	[pɪngwɪn]

180. Pássaros. Canto e sons

cantar (vi)	**дека**	[dek]
gritar (vi)	**мохь бетта**	[mɔh bett]

cantar (o galo)	**кхайкха**	[qajq]
cocorocó (m)	**Iуьl Iаре-Iуь**	['ʉʕ 'are 'ʉ]
cacarejar (vi)	**кIа-кIа дан**	[k'a k'a dan]
crocitar (vi)	**къа-къа дан**	[qʔa qʔa dan]
grasnar (vi)	**вакъ-вакъ баха**	[vaqʔ vaqʔ bah]
piar (vi)	**цIийза**	[ʦ'ɪ:z]
chilrear, gorjear (vi)	**гIир-гIир дан**	[ɣɪr ɣɪr dan]

181. Peixes. Animais marinhos

brema (f)	**чабакх-чIара**	[ʧabaq ʧ'ar]
carpa (f)	**карп**	[karp]
perca (f)	**окунь**	[ɔkunj]
siluro (m)	**яй**	[jaj]
lúcio (m)	**гIазкхийн чIара**	[ɣazqɪ:n ʧ'ar]
salmão (m)	**лосось**	[lɔsɔsʲ]
esturjão (m)	**цIен чIара**	[ʦ'en ʧ'ar]
arenque (m)	**сельдь**	[seljdʲ]
salmão (m)	**сёмга**	[sʲomg]
cavala, sarda (f)	**скумбри**	[skumbrɪ]
solha (f)	**камбала**	[kambal]
lúcio perca (m)	**судак**	[sudak]
bacalhau (m)	**треска**	[tresk]
atum (m)	**тунец**	[tuneʦ]
truta (f)	**бакъ чIара**	[baqʔ ʧ'ar]
enguia (f)	**жIаьлин чIара**	[ʒ'ælɪn ʧ'ar]
raia elétrica (f)	**электрически скат**	[ɛlektrɪʧeskɪ skat]
moreia (f)	**мурена**	[muren]
piranha (f)	**пиранья**	[pɪranj]
tubarão (m)	**гIоркхма**	[ɣɔrqm]
golfinho (m)	**дельфин**	[deljfɪn]
baleia (f)	**кит**	[kɪt]
caranguejo (m)	**краб**	[krab]
medusa, alforreca (f)	**медуза**	[meduz]
polvo (m)	**бархIкогберг**	[barh'kɔgberg]
estrela-do-mar (f)	**хIордан седа**	[h'ɔrdan sed]
ouriço-do-mar (m)	**хIордан зу**	[h'ɔrdan zu]
cavalo-marinho (m)	**хIордан говр**	[h'ɔrdan gɔvr]
ostra (f)	**устрица**	[ustrɪʦ]
camarão (m)	**креветка**	[krewetk]
lavagante (m)	**омар**	[ɔmar]
lagosta (f)	**лангуст**	[langust]

182. Amfíbios. Répteis

serpente, cobra (f)	**лаьхьа**	[læh]
venenoso	**дlаьвше**	[d'ævʃ]
víbora (f)	**лаьхьа**	[læh]
cobra-capelo, naja (f)	**кобра**	[kɔbr]
pitão (m)	**питон**	[pɪtɔn]
jiboia (f)	**саьрмикъ**	[særmɪqʔ]
cobra-de-água (f)	**вотангар**	[vɔtangar]
cascavel (f)	**шов ден лаьхьа**	[ʃɔv den læh]
anaconda (f)	**анаконда**	[anakɔnd]
lagarto (m)	**моьлкъа**	[mølqʔ]
iguana (f)	**игуана**	[ɪguan]
varano (m)	**варан**	[varan]
salamandra (f)	**саламандра**	[salamandr]
camaleão (m)	**хамелион**	[hamelɪɔn]
escorpião (m)	**скорпион**	[skɔrpɪɔn]
tartaruga (f)	**уьнтlапхьид**	[ʉnt'aphɪd]
rã (f)	**пхьид**	[phɪd]
sapo (m)	**бецан пхьид**	[betsan phɪd]
crocodilo (m)	**саьрмикъ**	[særmɪqʔ]

183. Insetos

inseto (m)	**сагалмат**	[sagalmat]
borboleta (f)	**полла**	[pɔll]
formiga (f)	**зингат**	[zɪngat]
mosca (f)	**моза**	[mɔz]
mosquito (m)	**чуьрк**	[ʧʉrk]
escaravelho (m)	**чхьаьвриг**	[ʧhævrɪg]
vespa (f)	**зlуга**	[z'ug]
abelha (f)	**накхармоза**	[naqarmɔz]
mamangava (f)	**бумбари**	[bumbarɪ]
moscardo (m)	**тlод**	[t'ɔd]
aranha (f)	**гезг**	[gezg]
teia (f) de aranha	**гезгмаша**	[gezgmaʃ]
libélula (f)	**шайтlанан дин**	[ʃajt'anan dɪn]
gafanhoto-do-campo (m)	**цlаьпцалг**	[ts'æptsalg]
traça (f)	**полла**	[pɔll]
barata (f)	**чхьаьвриг**	[ʧhævrɪg]
carraça (f)	**веччалг**	[weʧalg]
pulga (f)	**сагал**	[sagal]
borrachudo (m)	**пхьажбуург**	[phaʒbu'urg]
gafanhoto (m)	**цlоз**	[ts'ɔz]
caracol (m)	**этмаьlиг**	[ɛtmæ'ɪg]

grilo (m)	**цаьпцалг**	[tsæptsalg]
pirilampo (m)	**бумбари**	[bumbarɪ]
joaninha (f)	**дедо**	[dedɔ]
besouro (m)	**бумбари**	[bumbarɪ]
sanguessuga (f)	**цIубдар**	[ts'ubdar]
lagarta (f)	**нIаьвцициг**	[n'ævtsɪtsɪg]
minhoca (f)	**нIаьна**	[n'æn]
larva (f)	**нIаьна**	[n'æn]

184. Animais. Partes do corpo

bico (m)	**зIок**	[z'ɔk]
asas (f pl)	**тIемаш**	[t'emaʃ]
pata (f)	**ког**	[kɔg]
plumagem (f)	**мас ялар**	[mas jalar]
pena, pluma (f)	**пелаг**	[pelag]
crista (f)	**жима кIужал**	[ʒɪm k'uʒal]
brânquias, guelras (f pl)	**жIараш**	[ʒ'araʃ]
ovas (f pl)	**зирх**	[zɪrh]
larva (f)	**нIаьвцициг**	[n'ævtsɪtsɪg]
barbatana (f)	**пелаг**	[pelag]
escama (f)	**пелаг**	[pelag]
canino (m)	**пхьарцерг**	[phartserg]
pata (f)	**тIод**	[t'ɔd]
focinho (m)	**муцIар**	[muts'ar]
boca (f)	**бага**	[bag]
cauda (f), rabo (m)	**цIога**	[ts'ɔg]
bigodes (m pl)	**мекхаш**	[meqaʃ]
casco (m)	**берг**	[berg]
corno (m)	**маIа**	[ma']
carapaça (f)	**у**	[u]
concha (f)	**лахьорч**	[lahɔrʧ]
casca (f) de ovo	**чкъуьйриг**	[ʧq?ʉjrɪg]
pelo (m)	**тIаргIа**	[t'arɣ]
pele (f), couro (m)	**цIока**	[ts'ɔk]

185. Animais. Habitats

hábitat	**дахаран хьал**	[daharan hal]
migração (f)	**миграци**	[mɪgratsɪ]
montanha (f)	**лам**	[lam]
recife (m)	**риф**	[rɪf]
falésia (f)	**тарх**	[tarh]
floresta (f)	**хьун**	[hun]
selva (f)	**джунглеш**	[ʤungleʃ]

savana (f)	**саванна**	[savan]
tundra (f)	**тундра**	[tundr]
estepe (f)	**аре**	[are]
deserto (m)	**гӏум-аре**	[ɣum are]
oásis (m)	**оазис**	[ɔazɪs]
mar (m)	**хӏорд**	[h'ɔrd]
lago (m)	**ӏам**	['am]
oceano (m)	**хӏорд, океан**	[h'ɔrd], [ɔkean]
pântano (m)	**уьшал**	[ʉʃal]
de água doce	**тезачу хин**	[tezaʧu hɪn]
lagoa (f)	**ӏам**	['am]
rio (m)	**доьду хи**	[dødu hɪ]
toca (f) do urso	**чен бен**	[ʧen ben]
ninho (m)	**бен**	[ben]
buraco (m) de árvore	**хара**	[har]
toca (f)	**ӏуьрг**	['ʉrg]
formigueiro (m)	**туьйлиг**	[tʉjlɪg]

Flora

186. Árvores

árvore (f)	**дитт**	[dɪtt]
decídua	**гІаш долу**	[ɣaʃ dɔlu]
conífera	**баганан**	[baganan]
perene	**гуттар сийна**	[guttar sɪ:n]
macieira (f)	**Іаж**	[ʼaʒ]
pereira (f)	**кхор**	[qɔr]
cerejeira, ginjeira (f)	**балл**	[ball]
ameixeira (f)	**хьач**	[hatʃ]
bétula (f)	**дакх**	[daq]
carvalho (m)	**наж**	[naʒ]
tília (f)	**хьех**	[heh]
choupo-tremedor (m)	**мах**	[mah]
bordo (m)	**къахк**	[qʔahk]
espruce-europeu (m)	**база**	[baz]
pinheiro (m)	**зез**	[zez]
alerce, lariço (m)	**бага**	[bag]
abeto (m)	**пихта**	[pɪht]
cedro (m)	**кедр**	[kedr]
choupo, álamo (m)	**талл**	[tall]
tramazeira (f)	**датта**	[datt]
salgueiro (m)	**дак**	[dak]
amieiro (m)	**маъ**	[maʔ]
faia (f)	**поп**	[pɔp]
ulmeiro (m)	**муьшдечиг**	[mʉʃdetʃɪg]
freixo (m)	**къахьашту**	[qʔahaʃtu]
castanheiro (m)	**каштан**	[kaʃtan]
magnólia (f)	**магноли**	[magnɔlɪ]
palmeira (f)	**пальма**	[paljm]
cipreste (m)	**кипарис**	[kɪparɪs]
mangue (m)	**мангрови дитт**	[mangrɔwɪ dɪtt]
embondeiro, baobá (m)	**баобаб**	[baɔbab]
eucalipto (m)	**эквалипт**	[ɛkvalɪpt]
sequoia (f)	**секвойя**	[sekvɔj]

187. Arbustos

arbusto (m)	**колл**	[kɔll]
arbusto (m), moita (f)	**колл**	[kɔll]

videira (f)	**кемсаш**	[kemsaʃ]
vinhedo (m)	**кемсийн беш**	[kemsɪːn beʃ]
framboeseira (f)	**цlен комар**	[ʦ'en kɔmar]
groselheira-vermelha (f)	**цlен кхезарш**	[ʦ'en qezarʃ]
groselheira (f) espinhosa	**кlудалгаш**	[k'udalgaʃ]
acácia (f)	**акаци**	[akaʦɪ]
bérberis (f)	**муьстарг**	[mʉstarg]
jasmim (m)	**жасмин**	[ʒasmɪn]
junípero (m)	**жlолам**	[ʒ'ɔlam]
roseira (f)	**розанийн кол**	[rɔzanɪːn kɔl]
roseira (f) brava	**хьармак**	[harmak]

188. Cogumelos

cogumelo (m)	**жlаьлин нускал**	[ʒ'ælɪn nuskal]
cogumelo (m) comestível	**даа мегаш долу жlаьлин нускал**	[da'a megaʃ dɔlu ʒ'ælɪn nuskal]
cogumelo (m) venenoso	**дlовше жlаьлин нускал**	[d'ɔvʃ ʒælɪn nuskal]
chapéu (m)	**жlаьлин нускалан корта**	[ʒ'ælɪn nuskalan kɔrt]
pé, caule (m)	**жlаьлин нускалан кога**	[ʒ'ælɪn nuskalan kɔg]
boleto (m)	**кlайн жlаьлин нускал**	[k'ajn ʒ'ælɪn nuskal]
boleto (m) alaranjado	**подосиновик**	[pɔdɔsɪnɔwɪk]
míscaro (m) das bétulas	**подберёзовик**	[pɔdber'ozɔwɪk]
cantarela (f)	**лисичка**	[lɪsɪʧk]
rússula (f)	**буьйдалг**	[bʉjdalg]
morchella (f)	**сморчок**	[smɔrʧɔk]
agário-das-moscas (m)	**мухомор**	[muhomɔr]
cicuta (f) verde	**поганка**	[pɔgank]

189. Frutos. Bagas

fruta (f)	**стом**	[stɔm]
frutas (f pl)	**стоьмаш**	[stømaʃ]
maçã (f)	**lаж**	['aʒ]
pera (f)	**кхор**	[qɔr]
ameixa (f)	**хьач**	[haʧ]
morango (m)	**цlазам**	[ʦ'azam]
ginja, cereja (f)	**балл**	[ball]
uva (f)	**кемсаш**	[kemsaʃ]
framboesa (f)	**цlен комар**	[ʦ'en kɔmar]
groselha (f) preta	**lаьржа кхезарш**	['ærʒ qezarʃ]
groselha (f) vermelha	**цlен кхезарш**	[ʦ'en qezarʃ]
groselha (f) espinhosa	**кlудалгаш**	[k'udalgaʃ]
oxicoco (m)	**клюква**	[klʉkv]
laranja (f)	**апельсин**	[apeljsɪn]

tangerina (f)	**мандарин**	[mandarɪn]
ananás (m)	**ананас**	[ananas]
banana (f)	**банан**	[banan]
tâmara (f)	**хурма**	[hurm]
limão (m)	**лимон**	[lɪmɔn]
damasco (m)	**туьрк**	[tʉrk]
pêssego (m)	**гlаммагlа**	[ɣammaɣ]
kiwi (m)	**киви**	[kɪwɪ]
toranja (f)	**грейпфрут**	[grejpfrut]
baga (f)	**цlазам**	[ʦ'azam]
bagas (f pl)	**цlазамаш**	[ʦ'azamaʃ]
arando (m) vermelho	**брусника**	[brusnɪk]
morango-silvestre (m)	**пхьагал-цlазам**	[phagal ʦ'azam]
mirtilo (m)	**lаьржа балл**	['ærʒ ball]

190. Flores. Plantas

flor (f)	**зезаг**	[zezag]
ramo (m) de flores	**курс**	[kurs]
rosa (f)	**роза**	[roz]
tulipa (f)	**алцlензlам**	['alʦ'enz'am]
cravo (m)	**гвоздика**	[gvɔzdɪk]
gladíolo (m)	**гладиолус**	[gladɪɔlus]
centáurea (f)	**сендарг**	[sendarg]
campânula (f)	**тухтати**	[tuhtatɪ]
dente-de-leão (m)	**баппа**	[bapp]
camomila (f)	**кlайдарг**	[k'ajdarg]
aloé (m)	**алоэ**	[alɔɛ]
cato (m)	**кактус**	[kaktus]
fícus (m)	**фикус**	[fɪkus]
lírio (m)	**лили**	[lɪlɪ]
gerânio (m)	**герань**	[geranj]
jacinto (m)	**гиацинт**	[gɪaʦɪnt]
mimosa (f)	**мимоза**	[mɪmɔz]
narciso (m)	**нарцисс**	[narʦɪss]
capuchinha (f)	**настурция**	[nasturʦɪ]
orquídea (f)	**орхидей**	[ɔrhɪdej]
peónia (f)	**цlен лерг**	[ʦ'en lerg]
violeta (f)	**тобалкх**	[tɔbalq]
amor-perfeito (m)	**анютийн бlаьргаш**	['anʉtɪːn b'ærgaʃ]
não-me-esqueças (m)	**незабудка**	[nezabudk]
margarida (f)	**маргаритка**	[margarɪtk]
papoula (f)	**петlамат**	[pet'amat]
cânhamo (m)	**кlомал**	[k'ɔmal]

hortelã (f)	**lаждарбуц**	['aʒdarbuʦ]
lírio-do-vale (m)	**чlегlардиган кlа**	[ʧ'eɣardɪgan k'a]
campânula-branca (f)	**лайн зезаг**	[lajn zezag]
urtiga (f)	**нитташ**	[nɪttaʃ]
azeda (f)	**муьстарг**	[mʉstarg]
nenúfar (m)	**кувшинка**	[kuvʃɪnk]
feto (m), samambaia (f)	**чураш**	[ʧuraʃ]
líquen (m)	**корсам**	[kɔrsam]
estufa (f)	**оранжерей**	[ɔranʒerej]
relvado (m)	**бешмайда**	[beʃmajd]
canteiro (m) de flores	**хас**	[has]
planta (f)	**орамат**	[ɔramat]
erva (f)	**буц**	[buʦ]
folha (f) de erva	**бецан хелиг**	[beʦan helɪg]
folha (f)	**гlа**	[ɣa]
pétala (f)	**жаз**	[ʒaz]
talo (m)	**гlодам**	[ɣɔdam]
tubérculo (m)	**орамстом**	[ɔramstɔm]
broto, rebento (m)	**зlийдиг**	[z'ɪ:dɪg]
espinho (m)	**кlохцал**	[k'ɔhʦal]
florescer (vi)	**заза даккха**	[zaz dakq]
murchar (vi)	**маргlалдола**	[marɣaldɔl]
cheiro (m)	**хьожа**	[hɔʒ]
cortar (flores)	**дlахадо**	[d'ahadɔ]
colher (uma flor)	**схьадаккха**	[shadakq]

191. Cereais, grãos

grão (m)	**буьртиг**	[bʉrtɪg]
cereais (plantas)	**буьртиган ораматаш**	[bʉrtɪgan ɔramataʃ]
espiga (f)	**кан**	[kan]
trigo (m)	**кlа**	[k'a]
centeio (m)	**божан**	[bɔʒan]
aveia (f)	**сула**	[sul]
milho-miúdo (m)	**борц**	[bɔrʦ]
cevada (f)	**мукх**	[muq]
milho (m)	**хьаьжкlа**	[hæʒk']
arroz (m)	**дуга**	[dug]
trigo-sarraceno (m)	**цlен дуга**	[ʦ'en dug]
ervilha (f)	**кхоьш**	[qøʃ]
feijão (m)	**кхоь**	[qø]
soja (f)	**кхоь**	[qø]
lentilha (f)	**хьоьзийн кхоьш**	[høzɪ:n qøʃ]
fava (f)	**кхоьш**	[qøʃ]

GEOGRAFIA REGIONAL

Países. Nacionalidades

192. Política. Governo. Parte 1

política (f)	**политика**	[pɔlɪtɪk]
político	**политически**	[pɔlɪtɪʧeskɪ]
político (m)	**политик**	[pɔlɪtɪk]
estado (m)	**пачхьалкх**	[paʧhalq]
cidadão (m)	**гражданин**	[graʒdanɪn]
cidadania (f)	**граждаΗалла**	[graʒdanall]
brasão (m) de armas	**къаьмнийн герб**	[qʔæmnɪ:n gerb]
hino (m) nacional	**пачхьалкхан гимн**	[paʧhalqan gɪmn]
governo (m)	**правительство**	[prawɪteljstvɔ]
Chefe (m) de Estado	**мехкан куьйгалхо**	[mehkan kʉjgalho]
parlamento (m)	**парламент**	[parlament]
partido (m)	**парти**	[partɪ]
capitalismo (m)	**капитализм**	[kapɪtalɪzm]
capitalista	**капиталистийн**	[kapɪtalɪstɪ:n]
socialismo (m)	**социализм**	[sɔʦɪalɪzm]
socialista	**социалистийн**	[sɔʦɪalɪstɪ:n]
comunismo (m)	**коммунизм**	[kɔmmunɪzm]
comunista	**коммунистически**	[kɔmmunɪstɪʧeskɪ]
comunista (m)	**коммунист**	[kɔmmunɪst]
democracia (f)	**демократи**	[demɔkratɪ]
democrata (m)	**демократ**	[demɔkrat]
democrático	**демократийн**	[demɔkratɪ:n]
Partido (m) Democrático	**демократийн парти**	[demɔkratɪ:n partɪ]
liberal (m)	**либерал**	[lɪberal]
liberal	**либералийн**	[lɪberalɪ:n]
conservador (m)	**консерватор**	[kɔnservatɔr]
conservador	**консервативни**	[kɔnservatɪvnɪ]
república (f)	**республика**	[respublɪk]
republicano (m)	**республикахо**	[respublɪkaho]
Partido (m) Republicano	**республикански парти**	[respublɪkanskɪ partɪ]
eleições (f pl)	**харжамаш**	[harʒamaʃ]
eleger (vt)	**харжа**	[harʒ]

eleitor (m)	**харжамхо**	[harʒamho]
campanha (f) eleitoral	**харжамийн компани**	[harʒamɪ:n kɔmpanɪ]
votação (f)	**кхаж тасар**	[qaʒ tasar]
votar (vi)	**кхаж таса**	[qaʒ tas]
direito (m) de voto	**бакъо**	[baqʔɔ]
candidato (m)	**кандидат**	[kandɪdat]
candidatar-se (vi)	**хоржуш хила**	[horʒuʃ hɪl]
campanha (f)	**компани**	[kɔmpanɪ]
da oposição	**оппозиционни**	[ɔppɔzɪʦɪɔnɪ]
oposição (f)	**оппозици**	[ɔppɔzɪʦɪ]
visita (f)	**визит**	[wɪzɪt]
visita (f) oficial	**леррина визит**	[lerrɪn wɪzɪt]
internacional	**гӀаланашна юккъера**	[ɣalanaʃn jukqʔer]
negociações (f pl)	**дагадовлар**	[dagadɔvlar]
negociar (vi)	**дагабовла**	[dagabɔvl]

193. Política. Governo. Parte 2

sociedade (f)	**юкъаралла**	[juqʔarall]
constituição (f)	**конституци**	[kɔnstɪtuʦɪ]
poder (ir para o ~)	**Ӏедал**	[ʼedal]
corrupção (f)	**коррупци**	[kɔrrupʦɪ]
lei (f)	**закон**	[zakɔn]
legal	**законехь**	[zakɔneh]
justiça (f)	**нийсо**	[nɪ:sɔ]
justo	**нийса**	[nɪ:s]
comité (m)	**комитет**	[kɔmɪtet]
projeto-lei (m)	**законопроект**	[zakɔnɔprɔekt]
orçamento (m)	**бюджет**	[bʉʤet]
política (f)	**политика**	[pɔlɪtɪk]
reforma (f)	**хийцар**	[hɪ:ʦar]
radical	**кӀорггера**	[kʼɔrgger]
força (f)	**ницкъ**	[nɪʦqʔ]
poderoso	**чӀогӀа**	[ʧʼɔɣ]
partidário (m)	**агӀонча**	[ʼaɣɔnʧ]
influência (f)	**Ӏаткъар**	[ʼatqʔar]
regime (m)	**дӀахӀоттам**	[dʼahʼɔttam]
conflito (m)	**конфликт**	[kɔnflɪkt]
conspiração (f)	**къайлаха барт**	[qʔajlaha bart]
provocação (f)	**питана**	[pɪtan]
derrubar (vt)	**дӀадаккха**	[dʼadakq]
derrube (m), queda (f)	**дӀадаккхар**	[dʼadakqar]
revolução (f)	**революци**	[revɔlʉʦɪ]

golpe (m) de Estado	**хийцам бар**	[hɪ:ʦam bar]
golpe (m) militar	**тӀеман хийцам бар**	[t'eman hɪ:ʦam bar]
crise (f)	**кризис**	[krɪzɪs]
recessão (f) económica	**экономикин лахдалар**	[ɛkɔnɔmɪkɪn lahdalar]
manifestante (m)	**демонстрант**	[demɔnstrant]
manifestação (f)	**демонстраци**	[demɔnstraʦɪ]
lei (f) marcial	**тӀеман хьал**	[t'eman hal]
base (f) militar	**база**	[baz]
estabilidade (f)	**чӀоарӀа хилар**	[ʧ'ɔ'aɣ hɪlar]
estável	**чӀоарӀделла**	[ʧ'ɔ'aɣdell]
exploração (f)	**эксплуатаци**	[ɛkspluataʦɪ]
explorar (vt)	**дацо**	[daʦɔ]
racismo (m)	**расизм**	[rasɪzm]
racista (m)	**расизмхо**	[rasɪzmho]
fascismo (m)	**фашизм**	[faʃɪzm]
fascista (m)	**фашизмхо**	[faʃɪzmho]

194. Países. Diversos

estrangeiro (m)	**арахьарниг**	[araharnɪg]
estrangeiro	**кхечу мехкан**	[qeʧu mehkan]
no estrangeiro	**дозанал дехьа**	[dɔzanal deh]
emigrante (m)	**эмигрант**	[ɛmɪgrant]
emigração (f)	**эмиграци**	[ɛmɪgraʦɪ]
emigrar (vi)	**эмиграци ян**	[ɛmɪgraʦɪ jan]
Ocidente (m)	**Малхбузе**	[malhbuze]
Oriente (m)	**Малхбале**	[malhbale]
Extremo Oriente (m)	**Гена-Малхбале**	[gen malhbale]
civilização (f)	**цивилизаци**	[ʦɪwɪlɪzaʦɪ]
humanidade (f)	**адамалла**	[adamall]
mundo (m)	**Ӏалам**	['alam]
paz (f)	**машар**	[maʃar]
mundial	**дуьненан**	[dʉnenan]
pátria (f)	**даймохк**	[dajmɔhk]
povo (m)	**халкъ**	[halqʔ]
população (f)	**бахархой**	[baharhɔj]
gente (f)	**нах**	[nah]
nação (f)	**къам**	[qʔam]
geração (f)	**тӀаьхье**	[t'æhe]
território (m)	**латта**	[latt]
região (f)	**регион**	[regɪɔn]
estado (m)	**штат**	[ʃtat]
tradição (f)	**ламаст**	[lamast]
costume (m)	**Ӏадат**	['adat]

ecologia (f)	**экологи**	[ɛkɔlɔgɪ]
índio (m)	**индей**	[ɪndej]
cigano (m)	**цигон**	[ʦɪgɔn]
cigana (f)	**цигон**	[ʦɪgɔn]
cigano	**цигонийн**	[ʦɪgɔnɪ:n]
império (m)	**импери**	[ɪmperɪ]
colónia (f)	**колони**	[kɔlɔnɪ]
escravidão (f)	**лолла**	[lɔll]
invasão (f)	**тlелатар**	[t'elatar]
fome (f)	**мацалла**	[maʦall]

195. Grupos religiosos mais importantes. Confissões

religião (f)	**дин**	[dɪn]
religioso	**динан**	[dɪnan]
crença (f)	**динах тешар**	[dɪnah teʃar]
crer (vt)	**теша**	[teʃ]
crente (m)	**делах тешарг**	[delah teʃarg]
ateísmo (m)	**атеизм**	[ateɪzm]
ateu (m)	**атеист**	[ateɪst]
cristianismo (m)	**керсталла**	[kerstall]
cristão (m)	**керста**	[kerst]
cristão	**керстанан**	[kerstanan]
catolicismo (m)	**Католизм**	[katɔlɪzm]
católico (m)	**католик**	[katɔlɪk]
católico	**католикийн**	[katɔlɪkɪ:n]
protestantismo (m)	**Протестанство**	[prɔtestanstvɔ]
Igreja (f) Protestante	**Протестантийн килс**	[prɔtestantɪ:n kɪls]
protestante (m)	**протестант**	[prɔtestant]
ortodoxia (f)	**Керста дин**	[kerst dɪn]
Igreja (f) Ortodoxa	**Керста килс**	[kerst kɪls]
ortodoxo (m)	**керстанан**	[kerstanan]
presbiterianismo (m)	**Пресвитерианство**	[preswɪterɪanstvɔ]
Igreja (f) Presbiteriana	**Пресвитерианийн килс**	[preswɪterɪanɪ:n kɪls]
presbiteriano (m)	**пресвитерианин**	[preswɪterɪanɪn]
Igreja (f) Luterana	**Лютерианийн килс**	[lʉterɪanɪ:n kɪls]
luterano (m)	**лютерианин**	[lʉterɪanɪn]
Igreja (f) Batista	**Баптизм**	[baptɪzm]
batista (m)	**баптист**	[baptɪst]
Igreja (f) Anglicana	**Ингалсан килс**	[ɪngalsan kɪls]
anglicano (m)	**англиканин**	[anglɪkanɪn]
mormonismo (m)	**Мормонство**	[mɔrmɔnstvɔ]
mórmon (m)	**мормон**	[mɔrmɔn]

Judaísmo (m)	**Иудаизм**	[ɪudaɪzm]
judeu (m)	**жугти**	[ʒugtɪ]
budismo (m)	**Буддизм**	[buddɪzm]
budista (m)	**буддист**	[buddɪst]
hinduísmo (m)	**Индуизм**	[ɪnduɪzm]
hindu (m)	**индуист**	[ɪnduɪst]
Islão (m)	**Ислам**	[ɪslam]
muçulmano (m)	**бусалба**	[busalb]
muçulmano	**бусалбанийн**	[busalbanɪ:n]
Xiismo (m)	**Шиизм**	[ʃɪ:zm]
xiita (m)	**шиизмхо**	[ʃɪ:zmho]
sunismo (m)	**Суннаталла**	[sunnatall]
sunita (m)	**суннатхо**	[sunnatho]

196. Religiões. Padres

padre (m)	**мозгlар**	[mɔzɣar]
Papa (m)	**Римера папа**	[rɪmer pap]
monge (m)	**монах**	[mɔnah]
freira (f)	**монах**	[mɔnah]
pastor (m)	**пастор**	[pastɔr]
abade (m)	**аббат**	[abbat]
vigário (m)	**викари**	[wɪkarɪ]
bispo (m)	**епископ**	[epɪskɔp]
cardeal (m)	**кардинал**	[kardɪnal]
pregador (m)	**кхайкхорхо**	[qajqɔrhɔ]
sermão (m)	**кхайкхор**	[qajqɔr]
paroquianos (pl)	**килсе оьхурш**	[kɪlse øhurʃ]
crente (m)	**делах тешарг**	[delah teʃarg]
ateu (m)	**атеист**	[ateɪst]

197. Fé. Cristianismo. Islão

Adão	**Адам**	[adam]
Eva	**Хьава**	[hav]
Deus (m)	**Дела**	[del]
Senhor (m)	**Аллахl**	['allah']
Todo Poderoso (m)	**Дела**	[del]
pecado (m)	**къа**	[qʔa]
pecar (vi)	**къинош лето**	[qʔɪnɔʃ letɔ]
pecador (m)	**къинош дерг**	[qʔɪnɔʃ derg]

pecadora (f)	**къинош дерг**	[qʔɪnɔʃ derg]
inferno (m)	**жоьжахати**	[ʒøʒahatɪ]
paraíso (m)	**ялсамани**	[jalsamanɪ]
Jesus	**Иисус**	[ɪ:sus]
Jesus Cristo	**Иисус Христос**	[ɪ:sus hrɪstɔs]
Espírito (m) Santo	**Деза Са**	[dez sa]
Salvador (m)	**Кlелхьардаькккхинарг**	[k'elhardækqɪnarg]
Virgem Maria (f)	**Іийса-пайхамаран нана**	['ɪ:s pajhamaran nan]
Diabo (m)	**Шайтlа**	[ʃajt']
diabólico	**шайтlан**	[ʃajt'an]
Satanás (m)	**Йилбаз**	[jılbaz]
satânico	**йилбазан**	[jılbazan]
anjo (m)	**малик**	[malɪk]
anjo (m) da guarda	**малик-лардархо**	[malɪk lardarhɔ]
angélico	**маликан**	[malɪkan]
apóstolo (m)	**апостол**	[apɔstɔl]
arcanjo (m)	**архангел**	[arhangel]
anticristo (m)	**дажал**	[daʒal]
Igreja (f)	**Килс**	[kɪls]
Bíblia (f)	**Библи**	[bɪblɪ]
bíblico	**библин**	[bɪblɪn]
Velho Testamento (m)	**Къена Весет**	[qʔen weset]
Novo Testamento (m)	**Керла Весет**	[kerl weset]
Evangelho (m)	**Инжил**	[ɪnʒɪl]
Sagradas Escrituras (f pl)	**Жайна**	[ʒajn]
Céu (m)	**Стигал, Стигалан Паччахьалла**	[stɪgal], [stɪgalan patʃahall]
mandamento (m)	**весет**	[weset]
profeta (m)	**пайхмар**	[pajhmar]
profecia (f)	**пайхмаралла**	[pajhmarall]
Alá	**Аллахl**	['allah']
Maomé	**Мухьаммад**	[muhammad]
Corão, Alcorão (m)	**Къорlан**	[qʔɔr'an]
mesquita (f)	**маьждиг**	[mæʒdɪg]
mulá (m)	**молла**	[mɔll]
oração (f)	**ламаз**	[lamaz]
rezar, orar (vi)	**ламаз дан**	[lamaz dan]
peregrinação (f)	**Хьаьжцlа вахар**	[hæʒʦ' vahar]
peregrino (m)	**хьаьжа**	[hæʒ]
Meca (f)	**Макка**	[makk]
igreja (f)	**килс**	[kɪls]
templo (m)	**зиярат**	[zɪjarat]
catedral (f)	**килс**	[kɪls]
gótico	**готически**	[gɔtɪʧeskɪ]

sinagoga (f)	**синагога**	[sɪnagɔg]
mesquita (f)	**маьждиг**	[mæʒdɪg]
capela (f)	**килс**	[kɪls]
abadia (f)	**аббатство**	[abbaʦtvɔ]
convento (m)	**монастырь**	[mɔnastɪrʲ]
mosteiro (m)	**монастырь**	[mɔnastɪrʲ]
sino (m)	**горгал**	[gɔrgal]
campanário (m)	**мамсар**	[mamsar]
repicar (vi)	**детта**	[dett]
cruz (f)	**жlара**	[ʒ'ar]
cúpula (f)	**бохь**	[bɔh]
ícone (m)	**икона**	[ɪkɔn]
alma (f)	**са**	[s]
destino (m)	**кхел**	[qel]
mal (m)	**вон**	[vɔn]
bem (m)	**диканиг**	[dɪkanɪg]
vampiro (m)	**убар**	[ubar]
bruxa (f)	**гlам**	[ɣam]
demónio (m)	**йилбаз**	[jɪlbaz]
espírito (m)	**са**	[s]
redenção (f)	**къинойх цlандалар**	[qʔɪnɔjh ʦ'andalar]
redimir (vt)	**цlандала**	[ʦ'andal]
missa (f)	**гlуллакх**	[ɣullaq]
celebrar a missa	**гlуллакх дан**	[ɣullaq dan]
confissão (f)	**дохковалар**	[dɔhkɔvalar]
confessar-se (vr)	**дохкодала**	[dɔhkɔdal]
santo (m)	**эвлаяъ**	[ɛvlajaʔ]
sagrado	**деза**	[dez]
água (f) benta	**деза хи**	[dez hɪ]
ritual (m)	**lадат**	['adat]
ritual	**lадатан**	['adatan]
sacrifício (m)	**сагlа даккхар**	[saɣ dakqar]
superstição (f)	**доьгlначух тешар**	[døɣnaʧuh teʃar]
supersticioso	**доьгlначух теша**	[døɣnaʧuh teʃ]
vida (f) depois da morte	**эхартара дахар**	[ɛhartar dahar]
vida (f) eterna	**даим дахар**	[daɪm dahar]

TEMAS DIVERSOS

198. Várias palavras úteis

ajuda (f)	**гlо**	[ɣɔ]
barreira (f)	**дуьхьало**	[dʉhalɔ]
base (f)	**лард**	[lard]
categoria (f)	**категори**	[kategɔrɪ]
causa (f)	**бахьана**	[bahan]
coincidência (f)	**нисдалар**	[nɪsdalar]
coisa (f)	**хlума**	[h'um]
começo (m)	**юьхь**	[juh]
cómodo (ex. poltrona ~a)	**беглийла**	[beɣɪ:l]
comparação (f)	**дустар**	[dustar]
compensação (f)	**меттахlоттор**	[mettah'ɔttɔr]
crescimento (m)	**дегl даккхар**	[deɣ dakqar]
desenvolvimento (m)	**кхиам**	[qɪam]
diferença (f)	**башхалла**	[baʃhall]
efeito (m)	**эффект**	[ɛf:ekt]
elemento (m)	**элемент**	[ɛlement]
equilíbrio (m)	**баланс**	[balans]
erro (m)	**гlалат**	[ɣalat]
esforço (m)	**гlора**	[ɣɔr]
estilo (m)	**стиль**	[stɪlj]
exemplo (m)	**масал**	[masal]
facto (m)	**хилларг**	[hɪllarg]
fim (m)	**чаккхе**	[ʧakqe]
forma (f)	**форма**	[fɔrm]
frequente	**кест-кеста**	[kest kest]
fundo (ex. ~ verde)	**фон**	[fɔn]
género (tipo)	**тайпа**	[tajp]
grau (m)	**дарж**	[darʒ]
ideal (m)	**идеал**	[ɪdeal]
labirinto (m)	**лабиринт**	[labɪrɪnt]
modo (m)	**кеп**	[kep]
momento (m)	**юкъ**	[juqʔ]
objeto (m)	**хlума**	[h'um]
obstáculo (m)	**новкъарло**	[nɔvqʔarlɔ]
original (m)	**оригинал**	[ɔrɪgɪnal]
padrão	**стандартан**	[standartan]
padrão (m)	**стандарт**	[standart]
paragem (pausa)	**садаlар**	[sada'ar]
parte (f)	**дакъа**	[daqʔ]

partícula (f)	**дакъалг**	[daq?alg]
pausa (f)	**сацангIa**	[satsanɣ]
posição (f)	**хьал**	[hal]
princípio (m)	**принцип**	[prɪntsɪp]
problema (m)	**проблема**	[prɔblem]
processo (m)	**процесс**	[prɔtsess]
progresso (m)	**прогресс**	[prɔgress]
propriedade (f)	**башхало**	[baʃhalɔ]
reação (f)	**реакци**	[reaktsɪ]
risco (m)	**кхерам**	[qeram]
ritmo (m)	**болар**	[bɔlar]
segredo (m)	**къайле**	[q?ajle]
série (f)	**сери**	[serɪ]
sistema (m)	**къепе**	[q?epe]
situação (f)	**хьал**	[hal]
solução (f)	**дар**	[dar]
tabela (f)	**таблица**	[tablɪts]
termo (ex. ~ técnico)	**термин**	[termɪn]
tipo (m)	**тайпа**	[tajp]
urgente	**сиха**	[sɪh]
urgentemente	**чехка**	[ʧehk]
utilidade (f)	**пайда**	[pajd]
variante (f)	**вариант**	[varɪant]
variedade (f)	**харжар**	[harʒar]
verdade (f)	**бакъдерг**	[baq?derg]
vez (f)	**paгI**	[raɣ]
zona (f)	**зона**	[zɔn]

www.ingramcontent.com/pod-product-compliance
Lightning Source LLC
LaVergne TN
LVHW051342080426
835509LV00020BA/3264

* 9 7 8 1 7 8 4 0 0 9 0 3 8 *

HINDI
WOORDENSCHAT

THEMATISCHE WOORDENLIJST

NEDERLANDS
HINDI

De meest bruikbare woorden
Om uw woordenschat uit te breiden en
uw taalvaardigheid aan te scherpen

7000 woorden

Thematische woordenschat Nederlands-Hindi - 7000 woorden

Door Andrey Taranov

Woordenlijsten van T&P Books zijn bedoeld om u woorden van een vreemde taal te helpen leren, onthouden, en bestudering. Dit woordenboek is ingedeeld in thema's en behandelt alle belangrijk terreinen van het dagelijkse leven, bedrijven, wetenschap, cultuur, etc.

Het proces van het leren van woorden met behulp van de op thema's gebaseerde aanpak van T&P Books biedt u de volgende voordelen:

- Correct gegroepeerde informatie is bepalend voor succes bij opeenvolgende stadia van het leren van woorden
- De beschikbaarheid van woorden die van dezelfde stam zijn maakt het mogelijk om woordgroepen te onthouden (in plaats van losse woorden)
- Kleine groepen van woorden faciliteren het proces van het aanmaken van associatieve verbindingen, die nodig zijn bij het consolideren van de woordenschat
- Het niveau van talenkennis kan worden ingeschat door het aantal geleerde woorden

T&P Books Publishing
www.tpbooks.com

ISBN: 978-1-78616-548-0

Dit boek is ook beschikbaar in e-boek formaat.
Gelieve www.tpbooks.com te bezoeken of de belangrijkste online boekwinkels.